2013年度浙江省社科联省级社会科学学术著作
出版资金全额资助出版

浙江省社科规划一般课题（课题编号：13CBZZ03）

当代浙江学术文库

DANGDAI ZHEJIANG XUESHU WENKU

《春秋明经》注析

俞美玉 著

中国社会科学出版社

图书在版编目（CIP）数据

《春秋明经》注析／俞美玉著 . —北京：中国社会科学出版社，2014.12
ISBN 978 - 7 - 5161 - 5364 - 2

Ⅰ. ①春…　Ⅱ. ①俞…　Ⅲ. ①经学—研究—中国—明代 ②《春秋明经》—
研究　Ⅳ. ①Z126.174.8

中国版本图书馆 CIP 数据核字（2014）第 305641 号

出 版 人	赵剑英	
选题策划	田　文	
责任编辑	任　明	
特约编辑	李晓丽	
责任校对	安　然	
责任印制	王　超	

出　　版	中国社会科学出版社
社　　址	北京鼓楼西大街甲 158 号
邮　　编	100720
网　　址	http://www.csspw.cn
发 行 部	010 - 84083685
门 市 部	010 - 84029450
经　　销	新华书店及其他书店

印刷装订	北京金瀑印刷有限责任公司
版　　次	2014 年 12 月第 1 版
印　　次	2014 年 12 月第 1 次印刷

开　　本	710 × 1000　1/16
印　　张	11
插　　页	2
字　　数	186 千字
定　　价	36.00 元

凡购买中国社会科学出版社图书，如有质量问题请与本社营销中心联系调换
电话：010 - 84083683

总　序

浙江省社会科学界联合会党组书记　郑新浦

　　源远流长的浙江学术，蕴华含英，是今天浙江经济社会发展的"文化基因"；三十五年的浙江改革发展，鲜活典型，是浙江人民创业、创新的生动实践。无论是对优秀传统文化的传承弘扬，还是就波澜壮阔实践的概括提升，都是理论研究和理论创新的"富矿"，浙江省社科工作者可以而且应该在这里努力开凿挖掘，精心洗矿提炼，创造学术精品。

　　繁荣发展浙江学术，当代浙江学人使命光荣、责无旁贷。我们既要深入研究、深度开掘浙江学术思想的优良传统，肩负起继承、弘扬、发展的伟大使命；更要面向今天浙江经济社会的发展之要和人文社会科学建设的迫切需要，担当起促进学术繁荣的重大责任，创造具有时代特征和地方特色的当代浙江学术，打造当代浙江学术品牌，全力服务"两富"现代化浙江建设。

　　繁荣发展浙江学术，良好工作机制更具长远、殊为重要。我们要着力创新机制，树立品牌意识，构建良好载体，鼓励浙江学人，扶持优秀成果。"浙江省社科联省级社会科学学术著作出版资金资助项目"，就是一个坚持多年、富有成效、受学人欢迎的优质品牌和载体。从2006年开始，我们对年度全额资助书稿以"当代浙江学术论丛"（《光明文库》）系列丛书资助出版；2011年，我们将当年获得全额重点资助和全额资助的书稿改为《当代浙江学术文库》系列加以出版。多年来，我们已资助出版共553部著作，对于扶持学术精品，推进学术创新，阐释浙江改革开放轨迹，提炼浙江经验，弘扬浙江精神，创新浙江模式，探索浙江发展路径，产生了良好的社会影响和积极的促进作用。

2013 年入选资助出版的 27 部书稿，内容丰富，选题新颖，学术功底较深，创新视野广阔。有的集中关注现实社会问题，追踪热点，详论对策破解之道；有的深究传统历史文化，精心梳理，力呈推陈出新之意；有的收集整理民俗习尚，寻觅探究，深追民间社会记忆之迹；有的倾注研究人类共同面对的难题，潜心思考，苦求解决和谐发展之法。尤为可喜的是，资助成果的作者大部分是浙江省的中青年学者，我们的资助扶持，不唯解决了他们优秀成果的出版之困，更具有促进社科新才成长的奖掖之功。

我相信，"浙江省社科联省级社会科学学术著作出版资金资助项目"的继续实施，特别是《当代浙江学术文库》品牌的持续、系列化出版，必将推出更多的优秀浙江学人，涌现更丰富的精品佳作，从而繁荣发展浙江省哲学社会科学，充分发挥"思想库"和"智囊团"的作用，有效助推物质富裕、精神富有的现代化浙江的加快发展。

2013 年 12 月

前　言

一

　　刘基（1311—1375），字伯温，温州市文成县南田镇武阳村（明青田县九都南田武阳村）人，元末明初杰出的思想家、军事家、政治家、文学家。元至顺四年（1333）进士，元顺帝至元二年（1336）步入仕途，先后任江西高安县丞、江西行省职官掾吏、江浙行省儒学副提举、浙东元帅府都事、江浙行省都事诸官，终因性情耿直、刚正不阿，不能容忍元末腐朽、肮脏的官场文化，愤而辞职，隐居故里。

　　至正二十年（1360）三月，刘基应朱元璋之聘，与宋濂、章溢、叶琛同赴应天（南京）。刘基初次面见朱元璋，便进"时务十八策"，深得朱元璋赏识，被留在朱元璋身边，参与军政事务。辅佐朱元璋期间，刘基充分发挥其出色的军事才能，研判时势，陈定方略，为朱元璋剪灭群雄、建立明王朝立下不朽功勋。至正二十四年（1364）朱元璋即吴王位后，刘基渐次弃武归文，历任太史令、御史中丞等职，为朱明王朝在军事、法律、科举等制度的建设上，做出了卓越的贡献。洪武三年（1370），封开国翊运守正文臣、资善大夫、护军、诚意伯。洪武四年（1371），因官场险恶，退居故里。洪武八年（1375）因病逝世，享年65岁。卒后，于明正德九年（1514）被朝廷加赠"太师"美号，谥"文成"。明武宗称他"渡江策士无双，开国文臣第一"，有"帝师""王佐"之誉。

　　刘基一生著述丰富，传世的有《郁离子》十卷、《覆瓿集》二十四卷、《写情集》四卷、《犁眉公集》五卷、《春秋明经》二卷、《翊运录》，诸书最早均在明初刊行于世。其后，有人将其著述整理，集诸书为一集，名为《诚意伯刘先生文集》二十卷行世。此外，民间尚流传大量署名刘伯温的堪舆术数、天文、医道、谶纬、兵法之书二十多部，著名的有《烧饼歌》《百战奇略》等。经专家考证，其中《灵棋经解》《多能鄙事》

确认为刘基所著。

二

《春秋明经》共有四十一篇，最晚在明宣德五年（1430）之前已经厘定，成化六年（1470）之前已有四卷本刊行。现存最早的刘基诗文合集本、成化六年刻本《诚意伯刘先生文集》和最早收入此书的刘基诗文类编本、隆庆六年（1572）刻本《太师诚意伯刘文成公集》，均作二卷。

关于《春秋明经》具体的创作时间，由于史料阙如，遂成争讼难断之"悬案"。现学术界主要有以下几种看法：（1）荣肇祖、郝兆矩、吕立汉等认为它是刘基早年习举应考时之作。（2）侯外庐等著《宋明理学史》认为作于刘基元末辞官隐居浙东之时（亦即《郁离子》同时期之作）。（3）周群认为它萌于元末习举之时而写定于明朝初年。（4）杨讷认为它作于刘基元末投赴应天前。（5）朱鸿林认为是在刘基任江浙儒学副提举时所作。朱鸿林从分析元明两代科举考试题型及《春秋明经》的文体入手，认为《春秋明经》诸篇有很重的经疑色彩，当是在经疑成为科举考试体裁之后才作的，故认定其为刘基任江浙儒学副提举时作。笔者认为，在没有出现新的佐证史料之前，朱鸿林之说足以折中众议，故从其说。可详见朱鸿林《刘基〈春秋明经〉的著作年代问题》（载于《浙江工贸职业技术学院学报》2006 年第 6 期）。

当代学者对此书的研究远不及《郁离子》，但《春秋明经》所体现的刘基思想还是引起了部分学者的关注。王云五的《明代政治思想》抄录了此书五篇，以展示刘基关于"财经问题"及"对于国与国间及汉族与边疆民族间的关系"的思想。侯外庐等的《宋明理学史》有专节讨论，除了在"夷夏"问题上探讨刘基的民族观点之外，更多的是从"天人感应"问题上分析刘基的气的哲学和理学思想。孙广德的长文《刘基的政治思想》，在讨论"天人关系""华夷之辨""民本主义""对外关系""君论与臣论"等方面，征引了此书十篇十三次之多。周群在所著《刘基评传》中的《重民攘夷的政治伦理思想》专章中，也征引了《春秋明经》中的八篇文句，用以讨论刘基"以德养民的民本论""以道事君的君臣论""以义为利的义利观""忠孝观念的探索与失误"和"仕元佐明之变的思想动因"。后来，他也以《春秋明经》为据，再论刘基儒学思想中的

"感应论"及其政治思想。

除去《春秋明经》中包含的政治思想和经济思想，作为一部经学著作，其学术价值亦是不容忽视的。《春秋明经》是刘基传世的唯一一部经学著作，应当将其视为刘基学术整体的一个部分。若对《春秋明经》避而不谈，则刘基学术、思想体系的研究终是不完整的。《春秋明经》四十一篇，虽然总体是在官方指定的《春秋三传》和胡安国《春秋传》的体系内表达观点，但《春秋明经》还是体现了许多刘基在《春秋》学上的创见。如《春秋·昭公十三年》言"弓叔围费"，说的是季氏家臣南蒯占据费城作乱之事，但《春秋》记事不现南蒯之名，亦不言费有叛。有人对《春秋》记此事的写法有疑问："《春秋》不登叛人，南蒯以费叛，而不正其罪，何也？"胡安国的解释是："谓《春秋》法不书内叛，但书围，则叛可知。"然而刘基不认同胡安国的说法，他在《城费◎叔弓帅师围费》中反驳说："按《左氏》，南蒯请子仲'吾出季氏，而归其邑于公，子更其位，我以费为公臣'，则蒯之叛，叛季氏也，非叛公也。季氏无君之人，安得以叛名蒯。"此种例证在《春秋明经》中尚有许多，实则说明刘基治《春秋》，非完全墨守旧说，博综诸家，亦能独立思考而有新见。

刘基的诗文著作，已有注译出版。而《春秋明经》，独有房立中《刘伯温全书》（学苑出版社1996年版）对它有过注译。但该注本句读不准确，注释亦多谬误，译文亦难通全文，其学术价值实在有限，故笔者思及此，便着手《〈春秋明经〉注析》一书。一来，或可为以后欲研究《春秋明经》的学者提供些许方便；二来，亦希冀此书若能出版，或能引起更多人关注。

三

本次《春秋明经》注析工作以清乾隆十一年（1746）刻本《太师诚意伯刘公文集》、《四部丛刊》本《太师诚意伯文集》及四库本《诚意伯文集》为底本，参照2011年浙江古籍出版社林家骊点校《刘伯温集》及2011年中国文史出版社《诚意伯刘先生文集》，结合古今《春秋》学论著及其他经史著作，试图在忠实于《春秋明经》原文的基础上，对《春秋明经》进行尽可能准确的注析。

具体研究思路是：先找出《春秋明经》诸篇在《春秋》中的相关出处，并对知识背景进行介绍；再借助《尔雅》《说文解字》《辞源》等工具书，对文中难懂文字部分做出注析，并结合《春秋三传》《胡氏春秋传》《春秋释例》等《春秋》学著作，阐明文章学理，厘清其学术渊源；最后，提供与篇目相关的史料若干，附于后。

《〈春秋明经〉注析》一书在结构上主要由以下几个部分组成：

1. 《春秋明经》原文。

2. 题解。题解用白话文陈述题篇中所说的史事，并交代史事发生的前因后果。因《春秋》善属辞比事，一字寓褒贬之法，这往往是刘基推理和做价值判断的依据，为了使读者能跟上刘基的思路，故题解亦对篇题中《春秋》原文所含之笔法做些必要的解读。最后，题解还对刘基的主要观点做了概括。

3. 注释。每篇的第一个注释是对篇题的注，主要交代篇题中的《春秋》原文具体出处，疏通篇题中的难词，对篇题中出现的人名、地名做简要介绍。正文的注释主要包括：解释正文中的难词难句，引用恰当的书证；对生僻字注音；注明刘基引言的出处；交代正文中作者提及的相关史事及其意义；对作者推理及做价值判断的前提做必要的解释；指出作者某一观点的学术渊源，介绍其他学者的不同观点，以供读者参考。

4. 史料链接。提供篇题中《春秋》原文所在的完整章节；提供《春秋三传》《史记》《国语》等史书中更详细的史料。之所以加上史料链接这部分，是为研究《春秋明经》的学者提供更完整的史料背景，以供参考。由于《春秋三传》独《左传》以史料见长，所以史料链接多引自《左传》，由于刘基在解经时，学说不从《左传》，故会出现史料与《春秋明经》观点不一致的地方，兹做说明。

另外，需要指出的是，《春秋》乃"六经"之一，《春秋》学源远流长，博大精深。因此，即使《春秋》学内部，也存在着解经派别、理路的不同。古代不同学者对于《春秋》笔法、体例、部分人物、部分史事及其因果和意义，有不同程度的分歧。本书在题解、注释部分，为了使读者能够跟上刘基的思路，理解文章的内容，往往只是根据刘基所秉持的《春秋》观进行解释，而有意舍弃了在某一问题上存在的学术分歧。当然，笔者注释此书之后发现，刘基绝大多数的《春秋》学观点，都是可以找到其学术渊源的，并非不守学术规范的随意发挥。

　　愿此书的出版让更多不同层次的读者来了解刘基、关注刘基、研究刘基，这是我们这样一个研究刘基文化、弘扬传统文化的机构的应有职责。

　　最后对本课题组成员陈小平、钟金才、王春红、程振设的辛勤劳动致以衷心感谢！感谢他们在弘扬刘基文化事业上的努力。

目　　录

公朝于王所◎仲孙羯会晋韩不信云云，城成周^①

题解：公元前632年，晋国在城濮之战中大败楚国。随后，晋国召集各国诸侯在践土举行盟会。周襄王屈身前往践土，亲自犒劳晋侯。故《春秋》记此事用"王所"，强调鲁僖公不是在京都朝见周天子。公元前510年，鲁大夫仲孙何忌和其他诸侯大夫为周敬王筑成周。其时，周朝发生了子朝之乱，子朝余党多居王城。周敬王畏惧，故迁至成周，并命诸侯将成周修筑坚固。周王虽有命，但各诸侯均不亲往，而是派自己的大夫代往筑城。《春秋》记此事，书诸大夫名氏，既表达了对诸大夫行为的赞赏，又表达了对诸侯不亲事周王的不满；又书"城成周"，强调周王已从都城王城逃到了成周的事实。刘基将此二事并列，一见东迁后的周天子自轻无能，不知自强；二见众诸侯事周天子已无君臣之义。

---

① "公朝于王所"语出《春秋·僖公二十八年》。"公"指鲁僖公，《春秋》为鲁国史书，故主语称"公"者均为鲁国国君；"仲孙羯会晋韩不信云云，城成周"语出《春秋·昭公三十二年》，但作者有误记。《春秋·昭公三十二年》原文记曰："冬，仲孙何忌会晋韩不信、齐高张、宋仲几、卫世叔申、郑国参、曹人、莒人、邾人、薛人、杞人、小邾人，城成周。"刘基所说的"仲孙羯"当是"仲孙何忌"的误记。"云云"表省略，省去原文所记诸人。仲孙何忌、高张等皆是各诸侯国的卿大夫。成周，其指有二：一是指东周的都城，又称洛邑，当时人又称王城，此成周在今洛阳王城公园一带；二是指此篇文章中所言"筑成周"之"成周"。周敬王的叛乱者多居王城，周敬王为避乱，迁出。诏诸侯于新居之地筑城。后将新筑之城也称为成周。新筑之成周与原先周敬王居住的王城相去不远，其地在今洛阳白马寺东。周敬王以下诸王皆居此新筑之成周，直到周赧王时，才搬回原来的王城。

《春秋》与①诸侯之觐王，而惜王所②之非其地③；与大夫之勤王，而伤王城之同于列国④。

夫趋事赴工者，臣子之所当为；至于天子之守⑤，则有先王之遗法焉。襄王下临，僖公有王所之朝，《春秋》书"公"而成其为朝，谓天子在，是诸侯不可以不朝也。然不言明堂⑥，而曰"王所"，则所非其地，异乎先王方岳之礼矣。敬王命，城王都，而诸大夫有成周之城。《春秋》列书大夫之名氏，谓天子有命，诸侯不可以不从也。然不言京师，而曰"成周"，则同于列国，而异乎先王作京之意矣。然则流水之朝宗，葵藿之向日，⑦固人子之至情也。而下堂以见诸侯，与城郭沟池以为固者，又岂天子之盛事哉？呜呼！此圣人之所以不责诸侯大夫，而深不满于王室之意欤。是故至于岱宗，肆觐东后，⑧天子巡诸侯之守者然也，未闻下劳诸侯而临于非所之地也；王命仲山甫，城及东方⑨，天子彻⑩诸侯之封者然

---

①　与：赞许、赞成。

②　王所：《春秋·僖公二十八年》杜预注"王在践土，非京师，故曰王所也"，指周天子在京城以外的驻留地。依古法，天子若在京师，诸侯朝见之礼应在京师明堂；天子若出京师巡视诸侯，诸侯朝见之礼应在"四岳"。周天子在"王所"接见诸侯，于礼节不完备，侧面体现周天子权威减弱。

③　非其地：不是合适的地方。

④　伤王城之同于列国：伤，哀伤。王城，周天子所居之城，即都城。译为：哀叹周天子的京都竟像诸侯国的国都一样。周敬王已从原住之王城迁至新筑之成周，此时成周即当是王城，今《春秋》不书"王城"，而书"成周"，故刘基有此感慨。

⑤　守：巡狩。《孟子·告子》："天子适诸侯，曰巡狩。"《尚书·尧典》曰"五载一巡守，群后四朝"。"巡狩"即周天子赴诸侯国视察。《史记集解》云：郑玄谓"巡守之年，诸侯见于方岳之下"。方岳即是各名山大川，言天子出巡诸侯国时，诸侯当在各地的名山大川观见周王。此礼即下文的"方岳之礼"。

⑥　明堂：古代帝王宣明政教的地方，凡朝会、祭祀、庆赏、选士、养老、教学等大典，都在此举行。诸侯至都城朝见周天子，也应在明堂行礼。《木兰诗》云："归来见天子，天子坐明堂。"

⑦　流水之朝宗：百川入海，意指诸侯心向周天子。《诗经·小雅·沔水》："沔彼流水，朝宗于海。"葵藿之向日：葵与藿是两种不同的植物，此处单指葵，比喻下对上的赤心趋向。

⑧　至于岱宗，肆觐东后：《尚书·尧典》云："岁二月，东巡守，至于岱宗，柴。望秩于山川，肆觐群后。""岱宗"即泰山。肆，遂、于是。东后，东方诸侯。此礼即上文所说"方岳之礼"。

⑨　《诗经·大雅·烝民》曰："王命仲山甫，城彼东方。"仲山甫，周宣王时大臣，封于樊，排行第二，故又称樊仲、樊仲山甫、樊穆仲，《诗经·大雅·烝民》赞扬了他的美德和辅佐宣王的功绩。"城彼东方"言仲山甫守卫王土，受宣王命筑城于齐国。

⑩　彻：通"砌"，筑城之意。

也，未闻请于诸侯以城其所都之邑也。平辙既东，周纲解纽，① 归枋邑，易许田，② 而朝觐之礼，委诸草莽；赋《黍离》③，歌束楚④，而二雅⑤之音，变为《国风》⑥。于是，霸图兴而王道绝矣。推原其由，岂非天王自失其道而致之哉？观《春秋》之所书，然后正本澄源之意可得而知矣。且蛮夷猾夏，寇贼奸宄，⑦ 惟是大侯小伯所当攘斥，非异人任⑧。则夫城濮之勋⑨，因其献俘而锡命⑩之，赐之弓矢，以旌其劳可也，何至屈万乘

---

①　平辙既东，周纲解纽：平，周平王。"平辙既东"指周平王东迁都城于洛邑。周平王东迁标志着西周的灭亡和东周的建立，但是东迁之后的周王室威望低落，国家宗法、纲纪逐渐失去了约束力。《三字经》"周辙东，王纲坠"，即此义。

②　归枋邑，易许田：枋邑，在今山东省费县东约三十七里处，春秋时位于鲁国境内，邑内有"岱宗"泰山。郑桓公为周宣王胞弟，因而周宣王把枋地赐给郑桓公管理，以便天子祭泰山时，郑君来助祭时可作汤沐之地。许田，今河南省许昌市南边之鲁城。周成王营王城，有迁都之意，故把王城附近的许田赐给周公，以便鲁君以后朝见周王时有朝宿之邑。到了周桓王时，周王祭祀泰山的礼仪已废除多时，郑庄公感到枋邑已无价值，且又远离国土，不好管理，便向鲁国提议用枋邑交换离郑国近的许田。鲁隐公八年，郑国把枋邑交给鲁国。鲁桓公元年，郑庄公又在枋邑的基础上加上玉璧才真正换得许田之地。这件事实质上反映的是诸侯违背周天子的安排，从自己的利益出发行事。

③　黍离：《诗经·国风·王风》的一首，按《毛诗序》，此诗乃叹西周沦亡之作。

④　束楚：指《诗经·王风》中诗《扬之水》，有言"扬之水，不流束楚"。《扬之水》是戍卒思归、思妇之诗。程俊英《诗经译注》言："按束薪、束楚都是象征男女结婚之词。"周平王东迁洛阳，南方的楚国强大，有并小国之心。申、许等小国夹在王畿和楚中间，经常受楚侵扰，唇亡则齿寒，故周平王派兵卫戍。可是王都地小人稀，派去的人很难按期限调换，国民苦不堪言。无论是《黍离》还是《扬之水》，都有体现出周室东迁后日渐式微之意。

⑤　二雅：《大雅》和《小雅》，《诗经》中的雅乐部分。"雅"是正声雅乐，是王畿之乐，在贵族享宴或诸侯朝会时所奏乐歌，和"风"与"颂"相对。

⑥　国风：《诗经》的一部分，"国"是相对于"王畿"而言的。《国风》是不同地区的地方音乐，反映了各国的风土人情。

⑦　蛮夷猾夏，寇贼奸宄（guǐ）：语出《尚书·尧典》，原文为："帝曰：'皋陶，蛮夷猾夏，寇贼奸宄，汝作士。'"蛮夷，古代南方的少数民族被称为"蛮"，东方的少数民族被称为"夷"，在这里"蛮夷"泛指所有不用周礼来规范人伦关系的部族。猾，扰乱、侵占。夏，华夏。寇，群行攻劫曰寇；贼，杀人、害人为贼；奸、宄，皆指奸盗、窃盗，"在外曰奸，在内曰宄"。

⑧　非异人任：不是别人的责任。指为周天子攘斥蛮夷、惩治奸邪是诸侯本职工作。

⑨　城濮之勋：城濮之战发生于公元前 632 年，实际上是晋楚争霸的战争，因为晋文公打着"尊王攘夷"的旗帜，所以从这层意义来说晋国败楚是维护周天子的功勋事件。晋国打败楚国在客观上对维护中原地区的稳定有一定的积极作用。

⑩　锡命：锡，通"赐"。锡命，天子赏赐诸侯臣属爵位、车马、服饰的诏令。

之尊，亲举玉趾，以劳晋侯于践土乎？纵自轻也，奈宗庙何？① 成康②之时巡，宜不如是，《春秋》安得不以为贬哉！然而君虽失礼，臣不可以不尽其敬。是故诸侯就朝，虽无为龙为光③之盛，而冠冕佩玉，觐天威于咫尺，犹足以明水木本源之义。谓非东迁以后之美事不可也。是故我公书"朝"，以成其礼，故曰"《春秋》与诸侯之觐王，而惜王所之非其地也"。孽子匹嫡④，乱生不夷⑤。惟是二三大臣相与僇力⑥，以不陨坠。则夫定位之后，所当夙夜寅畏⑦，任贤修政，以图转危而为安也，何至以四海之广，请城其都以为固乎？德则不竞，城郭何为？周公之作洛，宜不如是。《春秋》又安得而不讥之乎？然而上虽失政，下不可以不奉其令，是故大夫会城，虽有弗躬弗亲之责，然版筑雉堞⑧，服王事而靡监⑨，亦足以存宗邦翰屏⑩之典⑪，谓非王室乱以后之美事不可也。是故诸大夫书名以达其义，故曰"《春秋》与大夫之勤王，而伤王城之同于列国也"。

夫《春秋》，天子之事也，故其自治严而待人恕。惟其自治之严，故周之不振为可贬；惟其待人之恕，故或成其朝，或与其城而无责焉。虽然，二百四十二年之间，⑫ 书公之朝者二，而皆于王所，则言外之意可知矣；书大夫城成周而无诸侯，则属辞之法，又可见矣。然则二役也，谓之免于贬可也，而或者谓为美之，则岂圣人之意哉？故尝考之，周室在襄王

---

① 奈宗庙何：奈……何，拿……怎么办之意。可意译为：又如何对得起列祖列宗呢？

② 成康：周朝第三代王周成王与第四代王周康王的合称。

③ 为龙为光：为，被。龙，宠。"为龙为光"即言得宠沾荣光。《诗经·小雅·蓼萧》："既见君子，为龙为光。"

④ 孽（bì）子匹嫡：孽子，庶子，即妾所生之子。匹，抗衡。嫡，正妻所生之子。

⑤ 夷：平、平息。

⑥ 相与僇力：僇，通"勠"。尽心尽力辅佐。

⑦ 夙夜寅（yín）畏：夙，早。寅畏，敬畏。日夜心怀敬畏之心。

⑧ 雉（zhì）堞（dié）：城墙。

⑨ 靡监：靡，没有。监，止息。《诗经·小雅·四牡》："王事靡监，不遑启处。"

⑩ 宗邦翰屏：国家屏障。

⑪ 典：典范。

⑫ 二百四十二年之间：《春秋》记史的时间跨度，《春秋左传》和《春秋公羊传》《春秋穀梁传》不同。据《春秋左传》，《春秋》记载了鲁隐公元年（公元前722）至鲁哀公十六年（公元前479），共是244年。据《春秋公羊传》和《春秋穀梁传》，《春秋》记载了从鲁隐公元年（公元前722）到鲁哀公十四年（公元前481）的历史，共是242年。

则有子带之难①，在敬王则有子朝之难②。子带之难，惟书天王居郑，至晋文纳王则不书，盖以是为臣子之常也。子朝之难，始末皆书，而以"城成周"终之，是果足以为美哉？呜呼！齐桓首止之盛③不可及已，得如晋文，亦庶几④矣！至于晋侯午者，又文公之罪人也。⑤

史料链接：

1. 《春秋·僖公二十八年》曰：五月……公朝于王所……冬，公会晋侯、齐侯、宋公、蔡侯、郑伯、陈子、莒子、邾子、秦人于温。天王狩于河阳。壬申，公朝于王所。[杨伯峻：《春秋左传注》（修订本），中华书局 2009 年 10 月版，第一册，第 449—450 页。]

2. 《春秋·昭公三十二年》曰：冬，仲孙何忌会晋韩不信、齐高张、宋仲几、卫世叔申、郑国参、曹人、莒人、邾人、薛人、杞人、小邾人，城成周。[杨伯峻：《春秋左传注》（修订本），中华书局 2009 年 10 月版，第四册，第 1515 页。]

《春秋左传·昭公三十二年》曰：秋八月，王使富辛与石张如晋，请城成周。天子曰："天降祸于周，俾我兄弟并有乱心，以为伯父忧。我一二亲昵甥舅不遑启处，于今十年。勤成五年。余一人无日忘之，闵闵焉如农夫之望岁，惧以待时。伯父若肆大惠，复二文之业，弛周之忧，徼文、武之福，以固盟主，宣昭令名，则余一人有大愿矣。昔成王合诸侯城成

---

① 子带之难：子带，姬带，周惠王的儿子、周襄王胞弟，因为封于甘，史书或又称甘昭公。子带得宠于周惠王，周惠王曾有意立子带为王。周襄王继惠王即位后，姬带作乱。多赖齐桓公之力，姬带得诛，周襄王王位方得以稳固。

② 子朝之难：子朝，即姬朝，周景王庶子，得宠于周景王，景王曾有意立其为太子，事未成而周景王崩。子朝先后与周景王长子猛（周悼王）及周敬王争夺王位，斗争持续了十几年。公元前 505 年，子朝被周人杀死于楚国。子带之乱和子朝之乱进一步削弱了周王室的力量，并使周王更加依赖各诸侯。

③ 首止之盛：公元前 655 年，齐桓公与诸侯、王子姬郑（即周襄王）会于首止，共尊周惠王长子姬郑为太子。此会与周惠王的意图不合，但是却起到维护周朝嫡长子继承制的作用。宋学者胡安国赞齐桓公此举曰："首止之盟，美之大者也。""一举而君臣父子之道皆得焉。"

④ 庶几：差不多、近似。《易·系辞下》："颜氏之子，其殆庶几乎？"高亨注："庶几，近也。"

⑤ 晋侯午，即晋定公姬午。文公，晋文公重耳。晋文公匡扶周室、尊王攘夷，成就不世霸业。到晋定公姬午时，霸主地位有名无实，吴王夫差竟敢在黄池之会上公然与定公争当霸主。故称晋定公为文公之罪人。

周，以为东都，崇文德焉。……俾戎人无勤，诸侯用宁，蛮贼远屏，晋之力也。其委诸伯父，使伯父实重图之，俾我一人无征怨于百姓，而伯父有荣施，先王庸之。"范献子谓魏献子曰："与其戍周，不如城之。天子实云，虽有后事，晋勿与知可也。从王命以纾诸侯，晋国无忧，是之不务，而又焉从事？"魏献子曰："善。"使伯音对曰："天子有命，敢不奉承以奔告于诸侯，迟速衰序，于是焉在。"

冬十一月，晋魏舒、韩不信如京师，合诸侯之大夫于狄泉，且令城成周。[杨伯峻：《春秋左传注》（修订本），第四册，第1517—1518页。]

3.《史记·周本纪》曰：二十五年，惠王崩，子襄王郑立。襄王母蚤死，后母曰惠后，惠后生叔带。有宠于惠王，襄王畏之。三年，叔带与戎翟谋伐襄王，襄王欲诛叔带，叔带奔齐。齐桓公使管仲平戎于周，使隰朋平戎于晋。

又曰：初，惠后欲立王子带，故以党开翟人，翟人遂入周。襄王出奔郑，郑居王于氾。子带立为王，取襄王所绌翟后与居温。王告急于晋，晋文公纳王而诛叔带，襄王乃赐晋文公珪鬯弓矢，为伯，以河内地与晋。二十年，晋文公召襄王，襄王会之河阳、践土，诸侯毕朝，书讳曰"天王狩于河阳"。（司马迁：《史记》，中华书局1959年版，第一册，第152—154页。）

4.《史记·周本纪》曰：景王十八年，后太子圣而蚤卒。二十年，景王爱子朝，欲立之，会崩。子丏之党与争立，国人立长子猛为王，子朝攻杀猛。猛为悼王。晋人攻子朝而立丏，是为敬王。敬王元年，晋人入敬王，子朝自立，敬王不得入，居泽。四年，晋率诸侯入敬王于周，子朝为臣，诸侯城周。十六年，子朝之徒复作乱，敬王奔于晋。十六年，晋定公遂入敬王于周。（司马迁：《史记》，中华书局1959年版，第一册，第156—157页。）

筑郿◎大无麦、禾◎臧孙辰告籴
于齐◎新延厩①

题解： 鲁庄公二十八年（公元前666），鲁国在郿修筑城池。该年鲁国麦、禾皆无收成，造成大饥荒。鲁国的上卿臧孙辰主动向庄公请愿去邻国齐国请求买米救饥。而次年春，在鲁国尚未走出饥荒的阴影时，鲁庄公又新建马棚。检阅《春秋》一书，发现《春秋》中大量记载着鲁庄公大兴土木工程的史实，与此对应的是《春秋》记载庄公时期的各种自然灾害也很多。刘基认为，《春秋》把筑郿、饥荒、告籴、新建延厩这几件事记在一起，是为了表明鲁国遭受灾祸乃天谴，是上天对鲁庄公无道行为的惩戒。

诸侯兴不急之役，以空②其国，而取给于人，犹不戒焉。《春秋》比事③书之，以示讥也。

夫国以民为本，而民以食为本，可不相时而轻用其力也哉？庄公妄兴

---

① "筑郿。大无麦、禾，臧孙辰告籴于齐"出自《春秋·庄公二十八年》记载。"新延厩"出自《春秋·庄公二十九年》。筑，修筑。郿（méi），春秋时鲁国地方，在今山东寿张废县治南。大无麦、禾：大，程度副词，表示情况很严重。臧孙辰，鲁孝公之后，僖伯曾孙。僖伯字子臧，后因为氏。事庄、闵、僖、文四公，为正卿。告籴：告，请；籴（dí），买入粮食。新：新作、更新；延厩：马棚名。

② 空：使空乏、使空虚。

③ 比事：排列比较史实。《礼记·经解》："属辞比事，《春秋》教也。"孔颖达疏："比次褒贬之事，是比事也。"属辞是指表述史事时讲求遣词造句。《春秋》为鲁史，故不能直记鲁君之罪；《春秋》又"为贤者讳"，但如若鲁君有罪，或是贤者有不光彩之处，本着史家求是精神，又不能不记，故此时《春秋》则采用遣词、类比、变换体例等方式，通过委婉的方式，从侧面去体现这些东西。如此处，《春秋》不直记鲁庄公为政无道，而先记其遇灾年，又随即记鲁庄公兴工事，前后相比照来读，则鲁庄公不顾民众疾苦、只顾自己享乐的形象便呈现出来。

筑郿之役，而不计国储之虚实，至于麦禾皆无；而当国之大夫，亲往告籴于齐，其事急矣；而明年之春，又新延厩，何其轻慢国本至于此极乎！《春秋》比而书之，而鲁之君臣无务农重谷之实，而有伤财害民之政可见矣。吾闻古之为国者，必时视民之所勤。民勤于力则工筑罕，民勤于食则百事废，① 未闻以凶年②而兴不急之役也。三年耕，必余一年之食；九年耕，则余三年之食。未闻在位二十八年，而无一年之积也。鲁之庄公则不然矣，以峻宇雕墙为无损，③ 以节用时使为无益也。④ 是故筑郿之工未毕，而仓廪已空；告籴之迹犹新，而延厩复作。曾谓君国子民之道而若是乎？宜其见讥于君子矣。且筑者，创作邑也。⑤ 城邑所以御暴，非时与制⑥，不敢兴也，况于无故而筑邑乎！庄公不视岁之丰凶，而有筑郿之役，不知其何为也。若曰御暴保民，则鲁国无故。⑦ 苟无令德⑧，太行孟门⑨且不可恃⑩，而况于郿乎。若曰虞⑪山林薮泽之利，则非君人之心矣。未几而仓廪尽竭，麦禾俱无。"无"而曰"大"，颗粒不存之词也。然后皇皇焉无所措其手足，而臧孙辰奔告于齐，以请籴焉。以千乘之国，仰给于他人，以活其民，可不惧乎？不曰"如齐告籴"，而曰"告籴于齐"，见其情之

---

① 语本《春秋穀梁传·庄公二十九年》："古之君人者，必时视民之所勤，民勤于力则功筑罕，民勤于财则贡赋少，民勤于食则百事废矣。"勤，少、不足。

② 凶年：荒年。

③ 以峻宇雕墙为无损：认为大兴工事、建楼筑城没有害处。

④ 以节用时使为无益也：节用，节俭使用财物。时使，根据时节的不同合理地使用民力。把节俭财用和按时节使用民力当成毫无益处（之举）。

⑤ 《左传》说"邑曰筑，都曰城"，即修筑邑用"筑"这个词，而修筑都城用"城"这个词。"都"和"邑"主要的区别是"都"有供奉先君的宗庙，而"邑"没有。

⑥ 非时与制：没有合适的时间和合理的制度、标准。

⑦ 句意为：无故，没有事故。如果说鲁国（筑郿）是为了抵御暴力侵犯，保护民众的安危，那么当时鲁国又没有发生被侵犯之事。（言下之意就是鲁国兴修的是无用的、不必要的城池。）

⑧ 苟无令德：苟，如果、假如。令德，美德。

⑨ 太行孟门：从山西陵川穿太行山到河南辉县的古路叫白径，白径在陵川的入山口叫孟门（所以白径又称孟门径）。孟门两边的山刀劈斧削，路像羊肠，窄而曲折，是历史上有名的险要之地。

⑩ 恃：依仗。

⑪ 虞：本为掌管鸟兽山泽之官，这里引申为"筑山泽为囿，派人管守"之意。《春秋穀梁传》云："虞，典禽兽之官，言规固而筑之。又置官司以守之，是不与民共同利也。"

急也。急病让夷，何足为功？① 适以昭其治名不治实之罪焉耳。鲁之君臣，盖亦因此而加省矣。则又愈不知戒，以求于人之余，而新延厩。夫延厩者，法厩②也，养马之所也。凶年饥岁，民食不给，而马厩是新，推此心也，不至于率兽而食人乎？③ 故书"新延厩"于"告籴"之后，所谓时诎举赢④，知其用民力为已悉⑤矣。然则庄公之为国也可知矣。不然，《春秋》书"筑"者七，而公有其四；书兴作者九，而公有其三；书无麦苗、无麦禾而皆见于庄公之世，何耶？鲁十二公，台池苑囿之役，莫多于庄公；而水旱、螟蜮、多麋、有蜚之灾，皆备于庄公，天人感应之理不诬⑥矣。而公终不寤⑦也，身死，而妻子不保，几亡其国。⑧ 呜呼！岂他人之咎⑨哉？

史料链接：

1.《春秋·庄公二十八年》曰：冬，筑郿。大无麦、禾，臧孙辰告籴于齐。

《春秋左传·庄公二十八年》曰：冬，饥，臧孙辰告籴于齐，礼也。

---

① 急病让夷，何足为功：急病让夷，把困难的留给自己，把容易的留给别人。据《国语·鲁语上》记载，臧仲辰自言"今我不如齐，非急病也"，意即他把去齐借粮当作医"急病"的崇高行为。但刘基认为，臧孙辰虽然主动请求去齐国请籴，但他身为上卿，在饥荒爆发之前却没有谏止鲁庄公的不合理行为，所以请籴之事并不足以称功。下文"治名不治实"也是对臧仲辰请籴行为的评价。

② 法厩：即延厩，马厩。晋人范宁《穀梁传集解》言："周礼：天子十二闲，马六种；邦国六闲，马四种。每厩一闲言法厩者，六闲之旧制也。"

③ 不至于率兽而食人乎：反问句式。句意为：不是（恶劣）到了带领野兽去吃人的地步吗？

④ 时诎举赢：诎，穷尽。赢，多余的。在困难的时候做多余的事。《资治通鉴·周显王三十五年》："君必不出此门。何也？不时。吾所谓时者，非时日也。夫人固有利、不利时。往者君尝利矣，不作高门。前年秦拔宜阳，今年旱，君不以此时恤民之急而顾益奢，此所谓时诎举赢者也。故曰不时。"

⑤ 用民力为已悉：使用百姓的劳力已经到尽头了。

⑥ 不诬：不妄，不假。

⑦ 不寤：不能醒过来，指不能反省。

⑧ 妻子不保，几亡其国：鲁庄公死后，其夫人哀姜与奸夫权臣庆父勾结，先后杀死鲁庄公继位者姬般和姬启，使得鲁国政局动荡不安。哀姜的下场也不好，其母家齐国对哀姜的不端行为十分不满，将其杀死，以尸身送回鲁国。故曰鲁庄公"妻子不保，几亡其国"。

⑨ 咎：过失，罪过。

筑郿，非都也。凡邑，有宗庙先君之主曰都，无曰邑。邑曰筑，都曰城。[杨伯峻：《春秋左传注》（修订本），中华书局2009年版，第一册，第242页。]

《春秋·庄公二十九年》曰：二十九年春，新延厩。

《春秋左传·庄公二十九年》曰：二十九年春，新作延厩，书，不时也。凡马，日中而出，日中而入。[杨伯峻：《春秋左传注》（修订本），第一册，第244页。]

2.《国语》：鲁饥，臧文仲言于庄公曰："夫为四邻之援，结诸侯之信，重之以婚姻，申之以盟誓，固国之艰急是为。铸名器，藏宝财，固民之殄病是待。今国病矣，君盍以名器请籴于齐？"公曰："谁使？"对曰："国有饥馑，卿出告籴，古之制也。辰也备卿，辰请如齐。"公使往。

从者曰："君不命吾子，吾子请之，其为选事乎？"文仲曰："贤者急病而让夷。居官者当事不避难，在位者恤民之患，是以国家无违。今我不如齐，非急病也。在上不恤下，居官而惰，非事君也。"

文仲以鬯圭与玉如齐告籴，曰："天灾流行，戾于弊邑，饥馑荐降，民羸几卒，大惧乏周公、太公之命祀，职贡业事之不共而获戾。不腆先君之币器，敢告滞积，以纾执事，以救弊邑，使能共职。岂唯寡君与二三臣实受君赐，其周公、太公及百辟神祇实永飨而赖之！"齐人归其玉而予之籴。（《国语》，中华书局2007年版，第39—41页。）

初税亩◎螽生，饥◎大有年①

题解：公元前594年，鲁宣公开创性地推行"税亩"制度，即按农民所耕种土地的亩数征税。"税亩"制度的本质是承认了土地的私有，这是对周代井田制的根本性变革。同年，鲁国即发生了严重的虫灾和饥荒。次年，鲁国却又大丰收。古代经学家认为，丰收乃常事，《春秋》本可不记，记则表明丰收乃难得之事，侧面反映的是其他年份严重歉收。刘基将这几条史料并列解读，将鲁宣公的行为与灾祸联系，即认为鲁宣公弑君得位，又不守古圣贤旧法，故屡被上天降灾惩罚。

困民以致灾者，理之常；悖道而获福者，理之变。夫天人感应之理，春秋之所深谨也。是故螽蝝饥馑②，国之灾也。鲁之宣公废助法③而用税，虐民④也。虐民而天降之灾，宜矣！故初税亩之年，螽生而饥，斯非理之

---

① "初税亩""螽生""饥"均出自《春秋·宣公十五年》。"大有年"出自《春秋·宣公十六年》。

② 螽蝝饥馑：螽（zhōng），昆虫，身体绿色或褐色，善跳跃，对农作物有害。蝝（yuán），据《汉书·五行志》引刘歆说，蝝为蚍蜉之有翼者，食谷为灾。饥馑（jǐn），《尔雅·释天》说："谷不熟为饥，蔬不熟为馑。"

③ 助法：又称借法，周代借民力助耕公田的一种劳役租赋制度。助法的基础是井田制，井田制下田分公田和私田，不管公田和私田都归国有。私田是统治者交予农奴使用的土地，由农奴自己耕种，劳动成果归耕者所有；公田由一定数量的农奴共同耕种，劳动成果归奴隶主所有。

④ 虐民：据古人文献所记，井田制下，民众所耕地所得九份归己，一份归统治者，故称"什取其一"。儒家崇尚周制，认为井田制是圣人所制，最为完备。井田制实质上是土地国有制，农民对土地只有使用权而无所有权，赋役方式是劳役地租。"税亩"则是按农民实际所耕种土地的亩数来征实物税，在本质上承认了土地的私有制，这是对周代井田制的根本性变革。因"税亩"制颠覆了上古的井田制，故古代许多学者认为"税亩"是"离经叛道"，不但不合圣王之道，还加重了人民的赋税负担。刘基承续了前人的这种保守思想，称"税亩"为"虐民也"。

常乎？百谷顺成，国之福也。鲁之宣公夺世嫡以有国，悖道也。① 悖道而天降之福，异矣。故即位之十有六年而大有年，斯非理之变乎？在他人以饥蝝为变，在宣公则为常；在他人以有年为常，在宣公则为变。《春秋》诛乱臣、讨贼子之法严矣哉！

《商书》曰："惟吉凶不僭，在人；惟天降灾祥，在德。"② 夫凶，人为不善而致谴焉，天道之当然也。其或反之者，庸非异乎？是故蝻蝝之害，法所当书，而他公皆记。有年之瑞，法不当书，而独志于桓宣之册。③ 圣人之旨渊乎微矣。且饥者，五谷皆歉之谓也。宣公以不义得国，惧讨于人，而竭力以事齐，④ 水旱蝻蝝相继而起。于是国用不足，而税亩之法兴焉。初者，事之始也。税亩者，公田之外又履其余亩而取之，是为什而取二⑤矣。以诸侯而擅改先王之法，以国君而行虐民之政，由是怨怼⑥之声，上闻于天，而戾气应之。秋蝻未息，冬蝝又生。⑦ 蝝者，蝻之子也。蝻蝝相继于二时，嘉谷其有子遗乎？故遂至于饥馑，而无以振业贫乏。《春秋》书"蝝生"与"饥"继于"税亩"之后，则是灾也，实"税亩"之应。而宣公得之，非过矣，故曰"困民以致灾者，理之常"

---

① 鲁宣公姬倭，本是鲁文公宠妾敬嬴所生之庶子。公元前609年，鲁文公去世，与姬倭十分亲近的大臣襄仲杀死文公嫡子姬恶和姬视，扶立姬倭即位，是为鲁宣公。

② 语出《尚书》伪古文《咸有一德》篇。惟，发语词，无实义。僭（jiàn），差错。全句意为：吉或凶，不偏不倚（正好落在某人的头上），在于这个人（自身的行为）；天降灾或福（给人），在于（这个人是否）修德。

③ 《春秋》文笔精简，只记大事，什么当记、什么不当记自成体例。国家遇有丰年，是常事。常事价值不大，故多不书。《春秋》记丰年只见于鲁桓公三年和鲁宣公十六年。刘基之意是《春秋》作者把鲁国丰年当大事记，是为了反衬桓公、宣公在位期间其他年份饥荒的严重。而依"天人感应"之理，人要做了坏事，上天才会降灾。这样就委婉地谴责了桓公、宣公弑君、无道的罪行。

④ 鲁宣公得位离不开齐惠公的支持，因为齐惠公是鲁文公嫡子恶和视的舅舅，襄仲杀恶和视时，齐惠公是默许的。鲁宣公以庶子得王位，所以对齐国十分感激，百般附和齐国的内、外政策。

⑤ 什而取二：历史上的税亩制未必真的是征十分之二的税。刘基之意是相对于古法井田制时"什取其一"而言，"税亩"之后民众的负担加重。

⑥ 怨怼（duì）：怨恨。

⑦ 秋蝻未息，冬蝝又生：鲁国用周历，周历以子月为正月，今农历用夏历，即以寅月为正月，因而《春秋》所言秋、冬，大致相当于现代农历的夏和秋，正值农作物生长和收获之际，秋蝻、冬蝝都能构成灾害。

也。若夫有年者，五谷皆熟之谓也。宣公以庶孽之子①，篡正嫡之位，使恶、视二子殒于非辜，而过市之哭，哀动鲁国，②是上不有王法，而下不有宗庙，王朝不能施残执之刑③，邻国不闻有沐浴之请④，而鲁国又无石碏⑤之臣矣，则惟天能诛之耳。其乖气所感，两螽而一旱，一水而两饥，宜也。至于是岁，而大有年焉。有年而曰"大"，则禾麻菽麦、黍稷穜稑，⑥实颖实栗⑦，无所不有，是果何以致之哉？《春秋》书"大有年"于"螽生，饥"之明年，则是福也，非凶人之所当有，而宣公得之，为反常矣。故曰"悖道而获福者，理之变"也。然则天道僭乎？曰：非也。宣公在位十有八年，而独是年为有年，他年之歉可知矣。越明年⑧而宣公死矣，获罪于天者，宣公也，鲁国之民，不可尽绝，而周公不可摧也⑨。税亩矣，饥矣，而不畀⑩之以有年，则周余黎民何罪乎？天非为宣公而有

----

① 庶孽之子：妃妾所生之子，即庶子。

② 过市之哭，哀动鲁国：公元前609年，鲁文公崩逝，权臣东门襄仲杀死哀姜所生的公子姬恶与姬视，强行扶立庶公子姬俀为鲁君，是为鲁宣公。公子恶、公子视之母姜氏将归齐国，过闹市而哭："天乎！仲为不道，杀嫡立庶。"鲁人深为其哀所感，称其为"哀姜"。

③ 王朝不能施残执之刑：王朝，指周朝。施，施行。残执之刑，指严刑峻罚。春秋时期，诸侯势力不断壮大，周王只是名义上的天子，已失去了控制诸侯的能力，所以就算鲁宣公以庶子身份杀嫡夺位有违周朝宗法，周天子亦没有能力去惩罚他。

④ 沐浴之请：鲁哀公十四年（公元前481），齐国大夫陈恒弑齐君齐简公，掌握了齐国政权。当时，已经告老还乡的孔子听到消息后，马上沐浴斋戒，随即朝见鲁哀公，请求派兵讨伐陈恒。

⑤ 石碏（què）：春秋时卫国大夫。卫庄公有三个儿子，长子姬完、次子姬晋、三子州吁。州吁最受庄公宠爱，养成残忍暴戾的性格，作恶多端。石碏曾经劝谏卫庄公，希望教育好州吁，庄公不听。庄公死，卫桓公（姬完）即位，州吁与石碏之子石厚密谋杀害桓公篡位。为确保王位，州吁派石厚去请教石碏。石碏恨州吁篡位和儿子大逆不道，设计除掉了州吁与石厚。这个故事也是成语"大义灭亲"的来源。

⑥ 禾麻菽麦、黍稷穜稑：都是古时农作物。菽（shū），豆类的总称。黍，一年生草本植物，叶线形，籽实淡黄色，去皮后称黄米，比小米稍大，煮熟后有黏性。稷，指粟或黍属植物。穜（tóng），早种晚熟的谷物。稑（lù），另一种早种晚熟的谷物。

⑦ 实颖实栗：实，果实。颖，禾穗末梢下垂的样子。栗，犹言栗栗，形容收获众多的样子。《诗经·大雅·生民》有言："实方实苞，实种实襃，实坚实好，实颖实栗。"

⑧ 越明年：到了第三年。

⑨ 而周公不可摧：周公，即周文王的第四子、周武王的同母弟姬旦，武王死后，武王子成王年幼，由周公摄政当国。周公是古人公认的贤者。摧，摧毁、灭绝。鲁国是周公儿子伯禽的封地，所以鲁之人可以说是周公的后代，下文"周余黎民"亦此义。

⑩ 畀〔bì）：给、给予。

年也,夫岂僭耶!或曰:"《春秋》之法,常事不书,惟变则书之。桓宣
之有年,志变也;则桓宣之水旱螟螽,乃为常矣,何以亦书之乎?"曰:
"《春秋》,天子之事也。天人相与之理,惧灾思患之意,治恶人、矜小民
之道无所不备。是故观凶灾之迭见于二公,则知天道之不僭,而为恶者知
所警;观有年之独见于二公,则知恶人之不可容于世,而操刑赏之柄者可
以知所主矣。鸣呼至哉!"故曰:"孔子成《春秋》,而乱臣贼子惧。"

史料链接:

1.《春秋左传·隐公元年》曰:惠公元妃孟子。孟子卒,继室以声
子,生隐公。宋武公生仲子。仲子生而有文在其手,曰为鲁夫人,故仲子
归于我。生桓公而惠公薨,是以隐公立而奉之。[杨伯峻:《春秋左传注》
(修订本),中华书局 2009 年 10 版,第一册,第 2—4 页。]

《春秋左传·隐公十一年》曰:羽父请杀桓公,将以求大宰。公曰:
"为其少故也,吾将授之矣。使营菟裘,吾将老焉。"羽父惧,反谮公于
桓公而请弑之……壬辰,羽父使贼弑公于寪氏,立桓公,而讨寪氏,有死
者。不书葬,不成丧也。[杨伯峻:《春秋左传注》(修订本),第一册,
第 79—80 页。]

2.《春秋·文公十八年》曰:冬十月,子卒。

《春秋左传·文公十八年》曰:文公二妃。敬嬴生宣公。敬嬴嬖,而
私事襄仲。宣公长,而属诸襄仲。襄仲欲立之,叔仲不可。仲见于齐侯而
请之。齐侯新立,而欲亲鲁,许之。冬十月,仲杀恶及视,而立宣公。书
曰"子卒",讳之也……夫人姜氏归于齐,大归也。将行,哭而过市,
曰:"天乎!仲为不道,杀嫡立庶。"市人皆哭。鲁人谓之哀姜。[杨伯
峻:《春秋左传注》(修订本),第二册,第 631—632 页。]

3.《春秋·宣公六年》曰:秋八月,螽。

《春秋·宣公七年》曰:大旱。

《春秋·宣公十年》曰:大水……饥。

《春秋·宣公十五年》曰:秋,螽……初税亩。冬,蝝生。饥。

《春秋左传·宣公十五年》曰:初税亩,非礼也。谷出不过籍,以丰
财也。冬,蝝生。饥。辛之也。

《春秋·宣公十六年》曰:冬,大有年。

晋郤缺帅师伐蔡◎戊申，
入蔡◎诸侯盟于扈①

题解：公元前613年，齐国公子商人杀死其国君吕舍，取而代之。公元前612年，晋国以蔡国服从楚国，不参加新城之盟为由，派大将郤缺征讨蔡国，迫使蔡国与其订城下之盟。同是此年，晋、宋、卫、蔡、郑、许、曹诸国在扈宣誓结盟。扈之盟会的主题之一是商讨讨伐齐国公子商人篡位事宜，但却由于盟主晋国受到齐国的贿赂而不了了之。扈之盟以后，没有受到诸侯联合征讨的齐国，行为变得更出格，不断侵扰鲁国边境，同时还以不义之师侵犯曹国。古代有的学者认为，因扈之会没有达成伐齐的目的，故《春秋》不列与会诸侯名氏，止言"诸侯盟于扈"。刘基将这几件事并列解读，意在指出晋国行事，不以维护宗法纲纪、夷夏之防为大义，而专谋私利，最终失去了春秋霸主的地位。

伯主②能以力治二国，而不能以义讨罪人，《春秋》比书而自见也。夫诸侯从夷③，固伯者之所当问，而弑逆之恶④，又乌可舍而不讨也哉？

---

① "晋郤缺帅师伐蔡，戊申，入蔡""诸侯盟于扈"均出自《春秋·文公十五年》。郤缺，"郤"音xì，晋国上卿，又称郤成子、冀缺。扈，郑国地名。扈之会一为重温新城之会旧好，二为策划讨伐齐国。

② 伯主：霸主。晋国在晋文公时，获得霸主地位，之后文公虽死但晋国国力依然强大，所以"伐蔡"虽是晋灵公时事，亦称晋国为"伯主"。

③ 诸侯从夷：诸侯，此处指蔡国，当时蔡国服楚。夷，对少数民族的称呼，这里指楚国，楚国非传统中原国家，中原诸侯多视其为"夷"。

④ 弑逆之恶：弑杀君主的恶行。此时齐国国君为齐懿公，齐懿公是齐桓公之子，名商人，与其侄子舍争位，杀舍自立。"弑逆之恶"与下文"商人之乱"同指此事。

晋灵之时，蔡从楚以次①厥貉②，罪也。故郤缺帅师伐蔡而入其国，力有余矣。夫何齐有商人之乱，则诸侯为会于扈而受其赂？何不以所治蔡者治齐乎？《春秋》书"伐蔡""入蔡"于前，而不序③诸侯于盟扈之役。知晋之所以力争诸侯者，不过求逞其私耳，岂其知有义哉？

尝谓天下之事，有重有轻。故伯者之治，有缓有急。是故不能三年而缌、小功之察，谓之不知务；④失肩背而养一指，则为狼疾人矣。⑤今也商人弑君，告于诸侯，已及期矣，伯主无致讨之令，而大夫无沐浴之请，何其久也？必有以⑥也。一旦上卿授钺⑦，鞎靷鞅鞶⑧，出自绛都⑨，意其事之在齐也。既而义旗不指于营丘之邦⑩，马首乃瞻于淮西之境⑪，诸侯不无惑矣。师及于蔡，蔡人未服，则以戊申之日，鼓而入其国都。以百里之侯邦，倚蛮荆之势援，未易破也。今以孤军攻之，而城郭失其守，

---

① 次：军队在某地驻扎三晚或三晚以上。《春秋左传·庄公三年》："凡师，一宿为舍，再宿为信，过信为次。"杨伯峻云："凡出，过三宿俱可谓之次。"则"次"不只是针对军队而言，个人外出超三晚亦可言"次"。

② 厥（jué）貉（mò）：春秋时地名，在今河南省项城县西南。

③ 序：排列位次。《春秋》中记载盟会大多会排列与会诸侯的位次，《春秋》为鲁史，故鲁君多在第一位，其后位次先后则代表了各诸侯爵位、威望的高低。扈之盟不序诸侯，据《左传》，扈之盟《春秋》没有排列位次，是因为鲁文公没有参盟。而鲁文公不参盟的原因是扈之会本为伐齐，但晋灵公收了齐国的贿赂，放弃伐齐；齐国正好又在此时侵犯鲁国，故鲁文公没有参盟。

④ 语本《孟子·尽心上》"不能三年之丧而缌、小功之察，放饭、流歠而问无齿决，是之谓不知务"。缌、小功都是古代丧服的等级，按礼制规定，前者应服丧三月、后者应服丧五月。为父母服丧，必须三年，所穿的丧服远比缌、小功为重。意为：若不能做到父母死而服孝三年，却在服缌和小功上讲究，则是不知大体。

⑤ 语本《孟子·告子上》"养其一指而失其肩背而不知也，则为狼疾人也"。狼疾，通"狼藉"，意译为糊涂。意为：医治人病，只治手指，而不知病实隐于肩背之上，就是糊涂透顶的人。

⑥ 有以：有原因。

⑦ 授钺（yuè）：授以斧钺，表示授予兵权。

⑧ 鞎靷鞅鞶：均为装备于马身的皮革，鞎（xiǎn）在马腋下，靷（yǐn）在马胸前，鞅（yāng）在马颈，鞶（bàn）在马足。此处可以理解为晋军军容整齐，整装待发。

⑨ 绛都：晋国的都城，今山西翼城。

⑩ 营丘之邦：指齐国。周武王封功臣姜子牙于营丘，齐国由此而建国。

⑪ 淮西之境：指蔡国。淮西是淮河上游一带，春秋时蔡国封地在今河南驻马店上蔡县一带，故称为淮西之境。

甲兵失其卫，使蔡侯泥首①受罪，以为城下之盟，谓晋师不强而若此乎？苟以此众，声齐之罪，师直而壮，若举，江河以沃炎火，商人之血何足以汙斧钺耶？奈何诸侯之会于扈，名为讨齐，实以取货②。谓其力之不足乎，则八国诸侯非直一郤缺之师也。惟其不以贼为贼，而甘与贼为徒也。是故于扈未盟，天下犹有所望，而齐犹有惧也；及夫③于扈既盟，然后天下绝望，而商人成为齐侯，于是变讨罪之师为成乱之会。是举诸侯而为盗贼之行矣，不亦甚哉。《春秋》于伐蔡而书"帅师"，书"伐"，书"入"，则其力之有余可知。盟扈，略诸侯而不序，则其义之不足可见，而后讨贼之功不足以盖其纵贼之罪矣。

　　呜呼！中国之所恃以制夷狄者，礼义而已，有贼不讨，礼义亡矣。虽得百蔡，何益哉？厥后遂习为常，至于陈夏氏之乱④，方以会狄为务⑤，而楚庄遂为辰陵之盟⑥。晋卒无以为伯⑦，其来非一日矣。今观入蔡之役，不足以离蔡于楚；而盟扈之役，反足以使鲁从齐，则晋人见利忘义之效也。向使晋灵能移伐蔡之师于齐，而冀缺能推不可以怠之心，以纳忠于盟扈之际，则晋之世伯，视文、襄⑧有光矣，岂其有邲之败⑨哉？噫！

史料链接：

　　1.《春秋左传·文公十年》曰：陈侯、郑伯会楚子于息。冬，遂及蔡侯次于厥貉，将以伐宋。［杨伯峻：《春秋左传注》（修订本），第二册，第577页。］

　　《春秋·文公十四年》曰：六月，公会宋公、陈侯、卫侯、郑伯、许

---

　　① 泥首：顿首至地，形容自辱认罪。
　　② 取货：索取财物。
　　③ 及夫：到了。
　　④ 陈夏氏之乱：公元前599年，陈国大夫夏征舒射杀国君陈灵公。
　　⑤ 会狄为务：公元前598年，即陈国夏氏之乱次年，晋国国君与狄会于攒函。晋国不讨伐夏氏的弑君行为，而与夷狄会盟，故称其"会狄为务"。
　　⑥ 辰陵之盟：公元前598年，楚、陈、郑三国在辰陵结盟。晋伐蔡本是想使蔡脱离楚国，抑制楚国发展，捍卫自己中原霸主的地位。然而结果却事与愿违，蔡国虽然暂时屈从于晋国武力下，陈国、郑国却与楚国结成同盟。晋国顾此失彼，徒劳一场。
　　⑦ 晋卒无以为伯：卒，最终。意为：晋国最终没能够保住霸主的地位。
　　⑧ 文、襄：文，晋文公。襄，晋襄公。晋国在文公和襄公时期霸业最盛。
　　⑨ 邲之败：公元前597年，晋、楚交战于邲，晋军大败，此战使晋国丧失了霸主地位，让位于楚国。

男、曹伯、晋赵盾。癸酉，同盟于新城。

《春秋·文公十五年》曰：晋郤缺帅师伐蔡。戊申，入蔡。

《春秋左传·文公十五年》曰：新城之盟，蔡人不与。晋郤缺以上军、下军伐蔡，曰："君弱，不可以怠。"戊申，入蔡，以城下之盟而还。[杨伯峻：《春秋左传注》（修订本），第二册，第612—613页。]

2.《春秋·文公十四年》曰：九月……齐公子商人弑其君舍。

《春秋左传·文公十四年》曰：子叔姬妃齐昭公，生舍。叔姬无宠，舍无威。公子商人骤施于国。而多聚士，尽其家，贷于公有司以继之。[杨伯峻：《春秋左传注》（修订本），第二册，第602—603页。]

又曰：秋七月乙卯，夜，齐商人杀舍，而让元。元曰："尔求之久矣。我能事尔，尔不可使多蓄憾，将免我乎？尔为之！"[杨伯峻：《春秋左传注》（修订本），第二册，第603页。]

又曰：齐人定懿公，使来告难，故书以"九月"。齐公子元不顺懿公之为政也，终不曰"公"，曰"夫己氏"。[杨伯峻：《春秋左传注》（修订本），第二册，第606页。]

《史记·齐太公世家》曰：十九年五月，昭公卒，子舍立为齐君。舍之母无宠于昭公，国人莫畏。昭公之弟商人以桓公死争立而不得，阴交贤士，附爱百姓，百姓说。及昭公卒，子舍立，孤弱，即与众十月即墓上弑齐君舍，而商人自立，是为懿公。懿公，桓公子也，其母曰密姬。（司马迁：《史记》，中华书局1959年版，第五册，第1495页。）

3.《春秋·文公十五年》曰：冬十有一月，诸侯盟于扈。

《春秋左传·文公十五年》曰：冬十一月，晋侯、宋公、卫侯、蔡侯、陈侯、郑伯、许男、曹伯盟于扈，寻新城之盟，且谋伐齐也。齐人赂晋侯，故不克而还。于是有齐难，是以公不会。书曰："诸侯盟于扈"，无能为故也。[杨伯峻：《春秋左传注》（修订本），第二册，第613页。]

4.《春秋左传·文公十五年》曰：十一月……齐侯侵我西鄙，诸侯不能也。遂伐曹，入其郭，讨其来朝也。[杨伯峻：《春秋左传注》（修订本），第二册，第614页。]

考仲子之宫，初献六羽◎取郜大鼎于宋，戊申，纳于太庙①

题解：鲁隐公五年（公元前718），在鲁桓公之母仲子的祭祀典礼上，鲁国第一次使用了六佾舞。在鲁君和许多臣子看来，在夫人的庙中降低乐舞的规格，用六佾舞已经很符合礼制了。殊不知鲁国虽然因为周公的原因，被周王特许使用最高规格的八佾之舞，但鲁国毕竟是诸侯国，如此心安理得地使用天子之礼，于理于情都难免有"僭越"的味道。桓公二年（公元前711），鲁国把宋国送的郜鼎陈放到周公庙中。其时，宋国顾命大臣华父督弑其国君宋殇公，杀宋国大夫孔父嘉。为了避免各国的讨伐，华父督大肆贿赂鲁、郑、齐、陈诸国，鲁国所得贿物正是郜鼎。把不忠不义之人所献之贿物陈放在鲁国始祖周公庙中，实是亵渎周公。在刘基看来，《春秋》之所以记载这些事情，实是在谴责鲁国违礼太甚，进而感慨春秋时期，礼崩乐坏之势已不可挽回。

正乐②用于别宫，而非礼陈于祖庙，圣人据事书之，所以伤鲁之衰也。

夫礼乐者，国家之本，不可一日紊也。隐公立宫以祀仲子，而乐舞之

---

① "考仲子之宫，初献六羽"语出《春秋·隐公五年》。"取郜大鼎于宋，戊申，纳于太庙"语出《春秋·桓公二年》。考，古时宗庙或是重要器物初成时所举行的祭礼。仲子，宋国女，传说生下来手上便带有"鲁夫人"的文字。后鲁惠公娶之，生鲁桓公姬允。古时女子对外不称名字，"仲子"之"仲"其实是排行，即老二；"子"则是其姓。初，首次。宫，即庙，仲子死后所设祭祀之庙。六羽，即"六佾"，因舞者乐舞时手执器物上插有野鸡羽毛，故称"六羽"。古代乐舞，八人一列为一佾。礼制规格为天子用八佾，诸侯用六佾，大夫用四佾。郜(hòu)，国名，其地在今山东成武县东南，被宋国所灭，故其鼎被宋国所有。太庙，古代君王供奉祖先的地方，具有神圣性。

② 正乐：周礼所定之乐，指规格合理，使用正确的乐舞。鲁君为诸侯，用六佾符合礼制。

数用六。用六虽正，而献于妾母①之宫，则非其所②矣。桓公奖乱以立宋督③，而取郜大鼎之赂，取赂立贼，而纳于先君之庙，岂不为已甚④乎？夫君子之事其亲也，造次⑤必以其礼。然则鲁人之待周公，曾⑥仲子之不若矣！呜呼悖哉！夫媵妾，不可以为夫人，未闻违礼立宫以祀之也；宗庙，礼法之所在，未闻昭违乱之赂于其中也。鲁于春秋，号为秉礼而若是乎？此圣人之所为惧，而《春秋》之所以深谨也。盖仲子者，惠公之妾也。惠公元妃孟子⑦，既入于庙，则仲子无祭享之所矣。若以"庶子为君，为其母筑宫，而使公子主祭"⑧之典言之，则仲子非隐之母，安得为立宫乎？至其乐舞之数，则于别宫不敢同于群庙，而降用六羽。自当时言之，盖以为得礼矣。⑨以王制论之，则诸侯用六，奚取于仲子

---

① 妾母：古时子对父之妾的称呼。仲子是否被立为夫人，存在争议。《史记·鲁世家》言："登宋女为夫人，以允为太子。及惠公卒，为允少故，鲁人共令息摄政，不言即位。"认为仲子的确被立为鲁夫人。《春秋左传注疏》"考仲子之宫"句下，杜预注云："成仲子宫，安其主而祭之。惠公以仲子手文。娶之欲以为夫人。'诸侯无二嫡。'盖隐公成父之志，为别立宫也。"杜预之意是鲁惠公有立仲子为夫人之意，但受制于礼法，未能成事。胡安国《胡氏春秋传》亦说："惠公欲以爱妾为夫人。"也是说惠公立仲子为夫人只是停留在想法阶段。今人杨伯峻则认为"（仲子）归于我则嫁于惠公为嫡妻"。刘基既用"妾母"，则是认为仲子并不是鲁惠公正室夫人。
② 非其所：不是合适的地方。言六佾舞当用于国家宗庙、朝堂，不当用于"妾母"祭庙之中。
③ 宋督：宋国大臣华父督。桓公二年（公元前711），宋国顾命大臣华父督杀宋国大夫孔父嘉及国君宋殇公，立长期居郑的公子冯为君，实际包揽了宋国的政权。事发后，鲁、齐、陈、郑与宋会于稷，华父督贿赂诸国，诸国遂承认华父督的行为并不追究，而鲁国在此事件中所得赂物就是郜鼎。
④ 已甚：过分、太过。《孟子·离娄下》："仲尼不为已甚。"
⑤ 造次：仓促，匆忙。《论语·里仁》："君子无终食之间违仁，造次必于是，颠沛必于是。"
⑥ 曾：竟然。
⑦ 孟子：女子名字，亦是宋国女，惠公正室夫人。《左传》："惠公元妃孟子。"《左传》记惠公妻妾有三：一是孟子，正室夫人；一是声子，生鲁隐公，《史记·鲁世家》："公贱妾声子生息"；一是仲子。孟子死后，当以夫人之礼下葬、立庙。杜预言"诸侯无二适（嫡）"，故鲁惠公后续之仲子不能再享夫人之礼。
⑧ 语出《春秋穀梁传·隐公五年》。
⑨ 仲子之庙用六羽，为什么还说是规格下降了呢？鲁国本是诸侯国，依礼乐舞当用六，然而据《礼记·明堂位》"（成王）命鲁世世祀周公以天子之礼"和"凡四代之服、器、官，鲁兼用之，是故鲁，王礼也，天下传之久矣"可知，由于周公的原因，鲁国被特许使用"天子之礼"，则鲁国重大礼仪、祭祀活动中乐舞一直是用八，这点从"初献六羽"的"初"字也可以推断，此处仲子之宫用六，故称"降"。然而鲁国虽有周王的特许，但他毕竟是个诸侯国，乐舞用八终是与其身份不符的，所以以下文刘基就质疑鲁人"而群公之庙用八自若，曾是以为礼乎"，又谓"因事以明用八之僭"。

之宫哉？① 今也，六羽献于妾母之前，而群公之庙用八自若，曾是以为礼乎？《春秋》因其始成而祀，书曰"考仲子之宫"，既正名其为非礼矣，献羽而书"初"者，以见前此未尝有六佾之舞，所谓因事以明用八之僭也。若夫太庙者，周公庙也。曾谓周公而享非礼之祀乎？犹有鬼神，而以不义之物陈于公前，公其无所依矣，不孝孰大焉！桓既篡兄而立，又推其恶以及于人，于是偕齐、郑之徒，成宋督之乱而取其赂器，置于周公之庙，是死周公也，不惟亵祖宗之灵，而又以教其百官习为夷狄禽兽之行。乱臣贼子得志，而无忌惮至于此极哉！《春秋》书"取郜大鼎于宋"，"取"者，得非其有之称；又书"纳于太庙"，"纳"者，不受而强致之谓。曰以"戊申"，深谨之也。夫六羽者，当用之乐也，而在仲子之宫；郜鼎者，违乱之器也，而在周公之庙。四方之人，将于鲁乎观礼，而鲁之礼若是哉！此《春秋》之所为惧也。

因循至于僖公，而有"禘太庙，致夫人"② 之举；文公而有大事大庙、跻僖公之事。③ 仲子犹别立宫，而成风则直致之于太庙；仲子犹降用六羽，而成风则直用天子之大禘。礼乐之紊，既不可言，而乱伦逆理之事，纷纷然于周公之前陈焉，何周公之不幸至于此哉！周家之礼，公所制也，而公之子孙若是，他国复何望哉。呜呼，此《春秋》之所以假④鲁史而作也夫。

---

① 奚取于仲子之宫哉：怎么能用在仲子的庙中呢？奚取于，"怎么能使用在……"之意。《论语·八佾》："奚取于三家之堂？"

② 禘太庙，致夫人：禘，古时天子或诸侯举行的大型祭祀活动。此处之"禘"是指三年之丧结束后，将死者牌位移入庙中时所举行的盛大祭礼。致夫人，把夫人的牌位移入庙中享禘祭。《春秋·僖公八年》记云："秋七月，禘于大庙，用致夫人。""夫人"所指为谁，《春秋》三传说法不一：《左传》认为"夫人"是鲁庄公夫人哀姜；何休注《公羊传》则言僖公本欲娶楚国女为正妻，齐国送女作媵。然而齐国女比楚国女先到鲁国，并迫使僖公改娶齐女为正妻，故"夫人"应为僖公夫人声姜；《穀梁传》则认为"夫人"是僖公的亲生母亲、鲁庄公妾成风。刘基在《吉禘于庄公◎作僖公主》篇中称成风是鲁僖公"妾母"，并对鲁僖公"禘太庙"、"致夫人"的行为表示批判，则刘基是接受《穀梁传》的说法，认为《春秋·僖公八年》之"夫人"为鲁僖公生母成风。按周礼，妾母身份低微，是不能进入太庙享祀的。鲁僖公虽贵为鲁君，但仍不能改变其生母是妾的事实，僖公可为成风建立新庙供奉，而将成风之牌位移入大庙享祀，则于礼无据。

③ 大事，吉禘也（杨伯峻：《春秋左传注》）。大庙，大即太，鲁国始祖周公之庙。跻僖公，在享祀的位次上把僖公列在闵公之前。僖公与闵公为兄弟，然僖公乃继闵公而履君位，按当时礼制，享祀闵公当在僖公前，故《左传》言："大事于大庙，跻僖公，逆祀也。"

④ 假：借用。

史料链接：

1. 《春秋·隐公五年》：九月，考仲子之宫。初献六羽。（杨伯峻：《春秋左传注》，第一册，第40页。）

《春秋左传·隐公五年》：九月，考仲子之宫，将万焉。公问羽数于众仲。对曰："天子用八，诸侯用六，大夫用四，士二。夫舞，所以节八音而行八风，故自八以下。"公从之。于是初献六羽，始用六佾也。（杨伯峻：《春秋左传注》，第一册，第46—47页。）

2. 《春秋·桓公二年》：二年春，王正月。戊申，宋督弑其君与夷及其大夫孔父。……三月，公会齐侯、陈侯、郑伯于稷，以成宋乱。夏四月，取郜大鼎于宋。戊申，纳于大庙。（杨伯峻：《春秋左传注》，第一册，第83—84页。）

《春秋左传·桓公二年》：二年春，宋督攻孔氏，杀孔父而取其妻。公怒，督惧，遂杀殇公。君子以督有无君之心，而后动于恶，故先书弑其君。会于稷，以成宋乱，为赂故，立华氏也。宋殇公立，十年十一战，民不堪命。孔父嘉为司马，督为大宰，故因民之不堪命，先宣言曰："司马则然。"已杀孔父而弑殇公，召庄公于郑而立之，以亲郑。以郜大鼎赂公，齐、陈、郑皆有赂，故遂相宋公。夏四月，取郜大鼎于宋。戊申，纳于大庙，非礼也。臧哀伯谏曰："君人者，将昭德塞违，以临照百官，犹惧或失之，故昭令德以示子孙，是以清庙茅屋，大路越席，大羹不致，粢食不凿，昭其俭也。衮、冕、黻、珽，带、裳、幅、舄，衡、紞、纮、綖，昭其度也。藻、率、鞞、鞛，鞶、厉、游、缨，昭其数也。火、龙、黼、黻，昭其文也。五色比象，昭其物也。锡、鸾、和、铃，昭其声也。三辰旂旗，昭其明也。夫德，俭而有度，登降有数，文、物以纪之，声、明以发之，以临照百官。百官于是乎戒惧，而不敢易纪律。今灭德立违，而寘其赂器于大庙，以明示百官。百官象之，其又何诛焉？国家之败，由官邪也。官之失德，宠赂章也。郜鼎在庙，章孰甚焉？武王克商，迁九鼎于雒邑，义士犹或非之，而况将昭违乱之赂器于大庙，其若之何？"公不听。（杨伯峻：《春秋左传注》，第一册，第85—90页。）

公会齐侯，伐莱◎公至自伐莱◎大旱①

题解： 鲁宣公能以庶子的身份登上鲁国君位，与齐国的支持大有关系。登位后的鲁宣公对外媚事齐国，百般附和齐国的内外政策，使国家毫无尊严；对内则又好行虐民之政，动辄发起不必要的战事，劳民伤财。征伐莱国，损人不利己，徒增齐国领土；侵犯莒国、攻打邾国都是师出无名，不应是仁义之国所为。刘基将《春秋》此三条记载并列解读，认为正是鲁宣公得君位不当，及这些毫无尊严、劳民伤财之举，使得上天最终降以大旱、虫灾、饥荒以作惩戒。

人君以不义劳民为可危，故天应之灾为可惧。甚矣，乖气之能致异也！②鲁之宣公，以篡得国，故屈己以事齐，今又劳民以会齐而伐莱，天何义乎。公既告至，而国内大旱，庸非嗟怨之气上感于天而致之乎。《春秋》书"伐"、书"至"于上，以著宣公之罪；继书"大旱"于下，以见天道之应不可诬也。

尝谓善恶之事作于下，而灾祥之应见③于上，此天人相与之至理也。是故僖公以务农重谷为事，而三时之不雨，不足以为其害；庄公以峻宇雕墙为务，而一时之不雨，即可以为之忧。天之于人，各以类应，其可忽

---

① 篇题均出自《春秋·宣公七年》。莱，国名，杨伯峻称"其姓无考"（《春秋左传注》）。齐、鲁、莱三国的位置大致为齐在鲁、莱之间，而鲁、莱素无怨仇，鲁伐莱的行为完全是帮助齐国扩张领土。至自，从某地回到都城并告祭先祖。孔颖达《春秋左传正义》引《春秋释例》云："凡盟有一百五，公行一百七十六。书'至'者八十二。其不书'至'者九十四，皆不告庙也。"

② 此句为谓语前置句式，正确的顺序为"乖气之能致异也甚矣"，意即"乖戾之气招致灾害的能力真的是非常强大"。

③ 见：即"现"。

哉。今宣公之得国，既获罪于天矣，况于即位以来，烦①其兵役，渎其交际，②虚内事外，而不恤其民乎。则天降之灾，宜矣。齐为不道，狡焉思启封疆，故为伐莱之举，其所以召兵于鲁者，恃其有援立之私恩③也。宣自会于平州以后，奴役于齐非一日矣。今又动鲁国之众，往为之役，以伐无罪之莱，外结衅于远人，而贾怨④于百姓，则是行也，宁不危哉？⑤幸而得归，反行饮至⑥以告于先君之庙，甚哉其怙恶也！军旅之后，必有凶年。盖其愁叹之声、怨愤之气上彻于天，而戾气为之应乎。是故伐莱方至，旱暵⑦已作。旱而曰"大"，必至于涤涤山川⑧而不可沮，非真僖、文不雨之比也。《春秋》以"大旱"书者，抑旱而不雩⑨耶，是无忧国恤民之心也；雩而不雨耶，是见弃于天矣。宣公造恶不悛，而流毒于其国若是哉。圣人比而书之，所以哀鲁国之民也。虽然，宣之虐用其民不特此也。伐莒取向⑩，伐邾取绎⑪，改助法而用税，非一事矣。

天之示变，亦不特此也。螽之见《经》者三，饥之见《经》者二，至于大水蝝生，亦非一端矣。《春秋》备书于《经》，然则为君而不仁不义者，亦可警矣。故曰天灾流行，必不于有道之国，岂不信哉！

---

① 烦：通"繁"，频繁（做某事）之意。

② 渎其交际：交际，交往，这里可以理解为外交。句意：轻慢了外交的原则与职能。

③ 援立之私恩：指的是文公十八年（公元前609）齐侯默许纵容鲁国大夫襄仲杀文公长妃之子恶与视，立次妃所生宣公之事。

④ 贾怨：贾（gǔ），招致。贾怨，招致怨恨。

⑤ 全句意为：可见这次出兵伐莱，难道不是很危险吗？

⑥ 饮至：即至宗庙祭祀宴饮庆功之礼。

⑦ 旱暵（hàn）：暵，许慎《说文解字》"暵，干也"，干热。

⑧ 涤涤山川：草木枯死的河山。涤涤，《说文解字》作"薂薂"，释为"草旱尽也"。《诗·大雅·云汉》："旱既太甚，涤涤山川。"

⑨ 雩（yú）：求雨的祭祀活动。

⑩ 伐莒取向：事情发生于宣公四年（公元前605），其时莒、郯两国不和，鲁宣公与齐惠公出面调停。莒国不接受调停，鲁国便派兵伐莒，攻占了向城。《春秋左传》批评鲁国此举说："公伐莒，取向，非礼也。平国以礼，不以乱。伐而不治，乱也。以乱平乱，何治之有？无治，何以行礼？"

⑪ 伐邾取绎：事发于公元前599年。鲁大国，邾小国。鲁国此次攻打邾国，一来是师出无名，二来可称以大欺小。因怕受到他国声讨，鲁国还专程派大夫公孙归父（《左传》亦称子家）到齐国去做解释，以平息此事。

史料链接：

1. 《春秋·宣公七年》：夏，公会齐侯，伐莱。秋，公至自伐莱。大旱。（杨伯峻：《春秋左传注》，第二册，第 690—691 页。）

2. 《春秋左传·宣公七年》：夏，公会齐侯，伐莱，不与谋也。凡出师，与谋曰"及"，不与谋曰"会"。（杨伯峻：《春秋左传注》，第二册，第 691 页。）

郑伐许◎郑伯伐许^①

题解：鲁成公三年（公元前588），郑国攻打许国，《春秋》记此事作"郑伐许"，省去郑侯爵位而不称"郑伯"。次年公元前587年，郑国再次攻打许国，《春秋》于此事则依惯例记成"郑伯伐许"。然而将"郑伯伐许"比照同年《春秋》"葬郑襄公"的记载来读，则可知郑悼公在父亲郑襄公去世不满一年就兴兵事，按当时礼俗来说，这是大不敬先祖的行为，故而"郑伯伐许"明确记录郑侯的爵位，这被很多古代经学家解读出了讽刺的意味。刘基依循古人解经的理路，陈述史事，条辨事理，亦将此两条史料解读成是对郑悼公不信不义的谴责。

诸侯之陵虐小国，《春秋》狄^②之于前，而爵^③之于后，皆以著其恶也。

夫《春秋》之法，有加贬而后见其罪者，有直书而罪自见者。惟明

---

① "郑伐许"出自《春秋·成公三年》；"郑伯伐许"出自《春秋·成公四年》。许，周天子封国，姜姓，治地在今河南许昌县、临颖县一带，地处中原要地。许国国君爵位是五等爵最末等男爵，故而封地少，城池小，在春秋诸国中势力较弱，在诸侯争霸的时代，苦苦周旋于各国之间，艰难生存。

② 狄：狄本为古代北方一个少数民族，又是中原诸国对北方少数民族的泛称。这里做动词，即"以……为狄"之意。这里涉及春秋笔法问题，但凡《春秋》记征伐，如若主动出兵的一方是周天子的封国，则多记成"某人伐某"或"某伯（侯、子等）伐某"或将主语记成将帅名爵，一般不会只记国名；而当主动出兵的一方是少数民族或是非正统中原诸侯国时，则直称其国名记成"某伐某"样式，如僖公二十四年"狄伐郑"。此处记成"郑伐许"，《春秋左传》对此没做解释，但《春秋公羊传》和《春秋穀梁传》皆认为《春秋》故意不记郑侯的爵位，以贬责郑国攻打许国是和"夷狄"一样无信无义。需要说明的是，《春秋》"夷狄"的概念，其实并非专门针对地域和种族而言，更多的是针对国家的政俗和行事方式，其说详见梁启超《〈春秋〉中国夷狄辨序》。

③ 爵：称爵。

乎属词比事之意，斯得之矣。郑人为许之小弱也，每肆暴以伐之，皆罪矣。故我成公之三年，书"郑伐许"，以其一岁而再①动干戈，为恶已甚，故称国以狄之，所谓加贬以见其罪者也。及其明年，襄卒而悼立矣，丧未逾年，而复伐许，其恶非不甚也，然自"郑伯"而不贬，所谓直书而罪自见。②《经》之书爵，又见其释服从戎，有忘亲之罪焉。由此观之，《春秋》之法可知矣。

呜呼！王泽竭，伯功浅，小国之迫于大国③，《春秋》深伤之也。许以太岳之胤④，密迩⑤于郑，郑庄怙其诈力，⑥托为"鬼神不逞"之词，入其国而披其地。⑦其所以不遂殄⑧其宗祀者，东迁之初，尚以灭国为重事，故未敢蒙首恶之名。⑨然而窜逐其君，置许叔于东偏，而公孙获处其西，制其死生之命，虽有存许之名，亦何异于灭乎？其后许叔因乱窃入⑩，未几而齐伯兴，故得保其遗祀，以俟他日。郑人盖以许为俘邑久

---

① 再：两次。郑国于鲁成公三年（公元前588）夏季、冬十一月二次征伐许国。

② 杨伯峻《春秋左传注》言："《春秋》之例，旧君死，新君立，当年称子，逾年称爵。"成公四年（公元前587）郑襄公伯坚去世，同年《春秋》记曰"郑伯伐许"，书"伯"则表明郑悼公在郑襄公死未逾年就称爵。"郑伯伐许"直记其事，并无褒贬之意；但与同年"葬郑襄公"的记载对照起来读，则郑悼公不敬先人、行事不合礼法的劣迹就不言而喻。

③ 小国之迫于大国：小国被大国逼迫。

④ 太岳之胤：郑国为炎帝裔孙伯夷的后代。太岳，又称"四岳"或称"五岳"，为上古官名，乃上古时期分掌四时、负责四方大山祭祀的官。相传，伯夷曾是尧的四岳官，故伯夷的后代被称为"太岳之胤"。《春秋左传·隐公十一年》云："夫许，太岳之胄也。"

⑤ 密迩：（地理位置）接近，靠近。许、郑两国封地接壤。

⑥ 怙其诈力：怙，依仗。诈力，欺诈与武力。

⑦ "鬼神不逞"之词：逞，快意、满意。公元前712年，郑庄公会同鲁国、齐国伐许，许庄公出逃卫国。齐国之意是把许国交付给鲁国，鲁国推辞，最终交由郑国打理。郑国便安排许国人百里奚辅佐许叔（许叔，杜预认为是许庄公的弟弟）偏安于许城东部，又使郑国大夫公孙获居许城西部以监视许国。此时的许国虽社稷尚存，但实际上变成了郑国的附庸。郑偏安许叔于许城东部时的说辞为"天祸许国，鬼神实不逞于许君，而假手于我寡人……"将郑国欲亡许国的愿望粉饰成鬼神的意愿。

⑧ 遂殄：称心如意地灭绝。

⑨ 虽然此时周天子威严下降，对诸侯的约束力大不如前，但是名义上周天子还是天下共主，灭周天子封国意味着无视周天子的存在，会遭到道义上的谴责和军事上的讨伐。所以，此时的诸侯，就算实力强大，也不敢轻易灭别的国家。

⑩ 许叔因乱窃入：鲁桓公十五年（公元前697），郑厉公姬突欲杀权臣祭仲，事情败露，逃奔蔡国。祭仲便迎立郑世子姬忽为君。许叔趁郑国内乱之际，重建许国政权。

矣，特畏大国而未得逞其志耳①。以义言之，许者，先王所封之国，郑安得而虐之哉。今郑襄既背中国而事楚，遂借强夷之势，肆虎狼之心，一岁之间，再加兵于许国，不思己之见陵于晋、楚者，亦惟国小而弱之故，可不自反②而以是③施于蕞尔④之男邦⑤乎，是与夷狄之所行无以异矣。《春秋》狄之，所以诛其不仁之心也。襄公既没，悼公所宜改恶从善以自新也，奈何父丧甫⑥葬，遂以吉礼⑦从金革之事，以肆其毒于许。夫许之与郑，非有不共戴天之仇，何至伐之若是亟哉。忘丧非礼，陵弱不仁，干⑧大国之怒不智。卒之⑨交讼楚庭，以中国之君，而听于夷狄之大夫，⑩ 然则郑伯之自伐亦甚矣。《春秋》于襄之伐许，虽书之于公子去疾帅师伐许之后，而其恶未著，故必贬之而后见。若夫悼之伐许，则上书"葬郑襄公"，而继之以"郑伯伐许"，则其罪已明，不必贬矣。故曰惟明于属词比事之义，斯得之矣。

大抵《春秋》之法，既贬则多从同⑪。是故晋之伐鲜虞也，既于昭公之十二年狄之矣，至于十有五年荀吴之伐，则直书之。⑫ 盖与"郑伐许""郑伯伐许"之书法同矣。虽然⑬，许独无可议者乎？苟能修德行仁，以

---

① 意思是郑国只是顾忌其他大国诸侯所以没能彻底实现灭亡许国的想法。

② 自反：自我反思。

③ 是：代词，指以大欺小的行为。

④ 蕞（zuì）尔：很小的样子。《广韵》："蕞，小貌。"

⑤ 男邦：国君为男爵的封国。周朝行五等爵制，依次为公、侯、伯、子、男。许君受封为男爵，故称许国为"男邦"。

⑥ 甫：刚刚。

⑦ 吉礼：人死安葬后对死者的祭祀为吉礼。

⑧ 干：冒犯、触怒。

⑨ 卒之：最终、终于。

⑩ 成公四年（公元前587）冬，郑伯伐许，晋国为救许国而伐郑，楚国又派子反领军救郑。楚军击退晋兵，郑伯、许男在子反面前争论是非曲直。子反不能断，建议二国主朝见楚王，由楚王裁定。次年，郑悼公、许灵公到楚国当面对质，互相控诉，楚王判许国有理，还扣押了郑国的皇戌及郑穆公之子姬国。郑羞愤，返而求盟于晋，故而又被晋掌控。回顾整个过程，郑国下场凄惨，也是咎由自取，所以下文刘伯温说"郑伯之自伐亦甚矣"。

⑪ 句意为：《春秋》已经在前面对事情做了褒贬，则以后的记事方式则按惯例进行。

⑫ 鲁昭公十二年（公元前530）晋国兵伐鲜虞，《春秋》记成"晋伐鲜虞"；昭公十五年（公元前527）晋国再次攻打鲜虞，《春秋》则记成"晋荀吴帅师伐鲜虞"。《春秋》在记这两件事情的处理方式上与成公三、四年郑国攻打许国之事相同。

⑬ 虽然：即使这样。

保其国，何畏乎一郑。而乃恃楚以为安，他日楚有亡郢之祸，而郑遂有灭许之师，而叶、夷、白羽、容城之迁，① 俱无益焉。呜呼！"观远臣以其所主"②，弃中华之礼义而附夷以为安，夫何社稷之能守哉！

史料链接：

1. 《春秋·成公三年》：夏……郑公子去疾帅师伐许。（杨伯峻：《春秋左传注》，第二册，第811页。）

《春秋左传·成公三年》注曰：许恃楚而不事郑，郑子良伐许。（杨伯峻：《春秋左传注》，第二册，第813页。）

2. 《春秋·成公三年》：冬十有一月……郑伐许。（《左传》无注）

《春秋公羊传》注曰：谓之郑者，恶郑襄公与楚同心，数侵伐诸夏。自此之后，中国盟会无已，兵革数起，夷狄比周为党，故夷狄之。

3. 《春秋·成公四年》：葬郑襄公……冬……郑伯伐许。

《春秋左传·成公四年》注曰：冬十一月，郑公孙申帅师疆许田。许人败诸展陂。郑伯伐许，取鉏任、泠敦之田。晋栾书将中军，荀首佐之，士燮佐上军，以救许伐郑，取氾、祭。楚子反救郑，郑伯与许男讼焉，皇戌摄郑伯之辞。寡君与其二三臣共听两君之所欲，成其可知也。不然，侧不足以知二国之成。（杨伯峻：《春秋左传注》，第二册，第819页。）

《春秋左传·成公五年》注曰：许灵公愬郑伯于楚。六月，郑悼公如楚讼，不胜，楚人执皇戌及子国。故郑伯归，使公子偃请成于晋。秋八月，郑伯及晋赵同盟于垂棘。（杨伯峻：《春秋左传注》，第二册，第823页。）

---

① 公元前576年至公元前506年的70年间，许国基于生存和发展的需要，进行了5次迁徙，分别为：前576年，迁叶城；前533年，迁夷城；前529年，复迁于叶城；前524年，迁析（即白羽）；前506年，迁容城。

② 观远臣以其所主：出自《孟子·万章上》，观察外来的人要看他受到什么样的人接待。

陈侯使袁侨如会◎陈人围顿◎陈侯逃归①

题解： 春秋时期，随着楚国的不断壮大，与楚国接壤的陈国不得不屈顺于楚国。公元前570年，陈成公背叛楚国参加中原诸侯盟会。次年，陈国军队进犯小国顿国。陈国叛楚而围顿，彻底惹怒楚国。公元前566年，楚国派大军攻陈，包围陈国都城。各诸侯与陈哀公在鄬地会晤，商讨救陈事宜。岂知盟会尚未结束，陈哀公竟然中途叛逃回国了。刘基将此三事列为一题，尽现陈国无信、不义与懦弱。其后陈国陷于楚国的泥沼中不得自拔，亦是预料之中的事。

贰国背夷以即夏②，乃③不量力而陵小国，又不守义而叛伯主，此《春秋》之所惜也。夫为国以礼，其可不慎而轻举哉？

陈之成公，背楚从晋，而使袁侨听命于鸡泽之会④，可谓知所向⑤矣。

---

① "陈侯使袁侨如会"出自《春秋·襄公三年》。"陈人围顿"出自《春秋·襄公四年》。"陈侯逃归"出自《春秋·襄公七年》。陈侯，前一个陈侯是陈成公；后一个陈侯是陈哀公。陈国，舜的后代，妫姓，周武王封国，其地大致在今河南周口市一带。袁侨，陈国大夫。如会，参加鸡泽之会。顿，小国名，姬姓，其辖地在今河南省项城县稍西之南顿故城，与陈、楚国国界相近。

② 贰国背夷以即夏：贰国，即贰于国，指陈国对楚国有二心，陈本归附楚国，现在又参加晋悼公主持的鸡泽之会，故是背叛楚国。即，接近，靠近。

③ 乃：文言虚词，表连接，"又"的意思。

④ 鸡泽之会：公元前570年6月，在晋悼公的号召下，晋、鲁、宋、卫、郑、莒、邾、齐的国君或代表在鸡泽结盟，就共同对抗楚国达成共识。此次盟会陈国虽派袁侨赴会，但袁侨迟到未赶上结盟正时，故而在此年秋，各与盟国派大夫又另与袁侨结盟，以慰陈国归附中原之心。

⑤ 知所向：知道往哪个方向走。

至于哀公，乃兴围顿之师，以挑楚人之怒。① 及夫于鄬有会②，诸侯方急于陈，而又效匹夫之事，脱身以逃，则其举不中礼甚矣。是故书"陈侯使袁侨如会"，见其背楚而从晋也；"陈人围顿"，见其无故而怒楚也；"陈侯逃归"，则又背晋而从楚矣。五岁之间，一来一往，君子盖有取于成而深不满于哀③焉。是故"袁侨如会"而称"陈侯"之"使"，致其志也；"围顿"而称"人"，贬也；逃义曰"逃"，逃者，匹夫之事也。由此观之，予夺见④矣。呜呼！陈以有虞⑤之裔，列在三恪⑥，虽其国迩于楚，然春秋之初，楚患已及蔡、郑，犹未至于陈也。齐桓之伯，陈无事于四邻，故独倚齐以为安。桓公即世，穆公首生厉阶⑦，以倡于齐之歃，则延盗入室，职陈之由。⑧ 由是而取焦夷，由是而围宛丘，⑨ 则陈实自取之耳。尚赖晋文之兴，而践土如会⑩，得以自拔于蛮夷之污。不幸而有灵公

---

① 公元前 569 年，顿国按楚国的吩咐伺机侵扰陈国，陈国于是派兵包围顿国都城。但陈国的行为让一直想惩罚陈国的楚国找到了借口。

② 于鄬有会：鄬，郑国地名，在今河南鲁山县境内。公元前 566 年，鲁、晋、宋、陈、卫、曹、莒、邾会于鄬，商讨如何解救都城被楚军包围的陈国。

③ 有取于成而深不满于哀：对陈成公的行为有所认同但对陈哀公的行为却深感不满。

④ 予夺见：予夺，赞许和贬责。句意：《春秋》是持赞许还是贬责（的态度）就很明显了。

⑤ 有虞：即舜。有虞氏为帝舜的部落。

⑥ 三恪：周朝新立时封前代三王朝的子孙给以王侯名号，称"三恪"，以示敬重。封"三恪"有两种说法：一说是封虞、夏、商之后于陈、杞、宋；一说封黄帝、尧、舜之后于蓟、祝、陈。

⑦ 厉阶：祸端。《诗·大雅·桑柔》："谁生厉阶，至今为梗。"

⑧ 公元前 643 年，齐桓公小白去世，中原暂无霸主。公元前 641 年，陈穆公请修好于各诸侯，以不忘齐桓公的德行，并于其年冬与蔡、楚、郑结盟于齐。所谓"延盗入室"，就是指陈穆公邀请楚国至齐结盟。宋赵鹏飞在《春秋经筌》中批评陈穆公云："陈穆之为人，吾所不识也。前日齐之盟，楚行天下半以至于齐，陈召之也，既而楚侵犯中国，皆陈启也。"

⑨ 焦夷、宛丘：皆陈国之地。陈国起先依附于齐桓公，故得以与四边国家相安无事多年。齐桓公去世之后，宋襄公频繁活动，俨然以霸主自居。此时的陈国在宋、齐之间游离，意欲继续依附齐国的倾向多些。公元前 637 年，楚国打着陈国不忠于宋的旗帜讨伐陈国，取得了陈国焦夷和宛丘两处土地。

⑩ 践土如会：公元前 632 年，晋国在城濮之战中大败楚师，其后便在践土召集诸侯会盟，确定了晋中原霸主的地位。陈国这个时候本来已经追随楚国了，楚败后惧晋而来参会，表示归依。

之祸①，中国无伯，而陈遂专属于楚，亦可哀已。今也晋悼公复文襄之业②，实中国之大幸矣。陈侯厌楚之暴，而幡然改辙，虽不能躬来听命于坛坫③之间，而袁侨之使，亦足见其向华之实。以二十余年服楚之国，一旦不召而来，《春秋》能不与其出幽谷而迁乔木④乎。彼楚也怒陈背己，则未敢声兵来伐，而姑使顿间陈者，何耶？侵欲之暴，其曲在己，故未有词以加陈也。为陈计者，修明德政，坚事伯主而睦四邻，蕞尔之顿，亦何以伺其隙哉。不知自反，而肆其兵威以围顿，不思顿小于陈，而陈小于楚，顿固非我敌也，而我岂楚敌哉。昔在穆公，尝以顿故，受得臣之围⑤矣。今而围顿，无乃⑥履其覆辙乎？遂使楚人得以有词于我，而陈国从此不遑宁处。伐而继之以围，陈虽噬脐⑦，亦知无及。然当是时，晋君方明，诸侯听命，始之以戍，而继之以救，未尝顷刻而忘陈也。今又合诸侯于鄬，亦惟以陈之故，苟能完守以老楚⑧，仗信以待晋，犹可为也。奈何以千乘之君，效匹夫之举，背先君之成德，弃仪卫而逃奔，是下乔木而入幽谷。其父析薪，其子弗克荷负。⑨《春秋》至是不得而不责之矣。

　　盖尝论之，春秋之时，陈与蔡、郑皆困于楚之国也，而其受患之故，多在于不量力以召侮。是故郑之见伐，始于侵蔡；而蔡之被围，由于灭

---

① 灵公之祸：晋文公称霸之后，至晋灵公时，由于晋灵公荒淫无度、暴力无道，加上赵氏大臣专权，晋国的国力和影响力都有所下降。至公元前607年，赵盾杀晋灵公立晋成公，晋国更是毫无霸国风采。公元前597年，晋楚邲之战，晋败，从此失去中原霸主的地位。

② 晋悼公复文襄之业：指晋悼公复兴霸业。晋悼公是晋国史上杰出的君主，他即位后改革内政外交上的弊端，加强了与诸侯之间的联系。于公元前568年至公元前560年八年间举行了九次诸侯盟会，使晋国联盟空前团结，晋国继晋文公之后再度掌握了中原的绝对支配权和实际统治权。

③ 坛坫：为祭祀、盟约而筑的高台。或引申为文坛等虚拟领域、圈子，如吴伟业《冒辟疆寿序》云："一时高门子弟，才地自静者，相遇于南中，列坛坫，立名氏。"

④ 出幽谷而迁乔木：比喻弃暗投明。典出《孟子·滕文公上》："吾闻出于幽谷，迁于乔木者，未闻下乔木而入幽谷者。"

⑤ 得臣之围：得臣，楚国令尹成得臣，字子玉。《春秋·僖公二十五年》："秋，楚人围陈。纳顿子于顿。"杜预注言："顿子迫于陈而出奔楚，故楚围陈以纳顿子。"楚国此次围陈之师由楚令尹成得臣率领。

⑥ 无乃：译为"难道不是……吗"，表反问。

⑦ 噬脐：比喻后悔不及。唐元稹《青云驿》："悔为青云意，此意良噬脐。"

⑧ 老楚：老，这里作动词，拖延时间，使楚军气力衰颓之意。

⑨ 其父析薪，其子弗克荷负：析薪，砍柴。意指陈成公苦心经营想依附中原，但他的儿子陈哀公却不能继承他的遗志。

沈：不思小国之见陵于我，亦犹我之见陵于楚也。惟不能推己及人，以至于此。是故陈人围顿，独加贬焉。盖围国，非将卑师少所能办，而书"人"焉，其贬明矣。① 虽然，晋之与楚争者，陈与郑也。自于鄢以后，而陈遂终于从楚，悼公之志，盖自以得郑为足矣。晋人曰："有陈，非吾事也；无之而后可。"② 鲁人曰："陈不服于楚必亡。"③ 论而至此，则陈之不能自拔为可矜④，而不能拔陈于楚，则亦伯者之罪也。

史料链接：

1. 《春秋·襄公三年》：六月，公会单子、晋侯、宋公、卫侯、郑伯、莒子、邾子、齐世子光。己未，同盟于鸡泽。陈侯使袁侨如会。《春秋左传》注：六月，公会单顷公及诸侯。己未，同盟于鸡泽。晋侯使荀会逆吴于淮上，吴子不至。楚子辛为令尹，侵欲于小国。陈成公使袁侨如会求成。晋侯使和组父告于诸侯。秋，叔孙豹及诸侯之大夫及陈袁侨盟，陈请服也……楚司马公子何忌侵陈，陈叛故也。（杨伯峻：《春秋左传注》，第三册，第928—930页。）

2. 《春秋左传·襄公四年》：四年春，楚师为陈叛故，犹在繁阳。韩献子患之，言于朝曰："文王帅殷之叛国以事纣，唯知时也。今我易之，难哉！"

三月，陈成公卒。楚人将伐陈，闻丧乃止。陈人不听命。臧武仲闻之，曰："陈不服于楚，必亡。大国行礼焉，而不服；在大犹有咎，而况小乎？"（杨伯峻：《春秋左传注》，第三册，第932页。）

---

① 《春秋公羊传·隐公五年》言："将尊师众称某率师""将尊师少称将""将卑师少称人"。刘基认为陈国要围顿国，"将卑师少"不可能办到，必然"将尊师众"，按惯例，《春秋》记载当如"某率师围顿"样式，而《春秋》实则记成"陈人围顿"，只能说是《春秋》故意在贬斥陈国。

② 晋国中军将、执政大臣范宣子所言，其意是以晋国之国力不能长保陈国（当自己的附庸）。当时楚国刚换子囊为令尹，讨伐陈国甚急，范宣子从晋、陈、楚三者的地理位置分析，认为陈、楚相近，又无力与楚相抗，重压之下必会附楚；而晋国距离陈国远，难以长保陈国不受楚国干扰，故有此言。

③ 鲁国臧武仲（臧孙纥）所言，其时楚国欲伐陈，闻陈成公去世而止兵（春秋礼不伐丧）；然陈国犹不听楚命，故而臧武仲言："陈不服楚，必亡。大国行礼焉，而不服；在大犹有咎，而况小乎？"言楚国行事以礼，有大国风范；陈小国不听，必有亡时。

④ 可矜：可怜。

3. 《春秋·襄公四年》：冬……陈人围顿。《春秋左传》注曰：楚人使顿间陈而侵伐之，故陈人围顿。（杨伯峻：《春秋左传注》，第三册，第935页。）

4. 《春秋·襄公七年》：楚公子贞帅师围陈。十有二月，公晋侯、宋公、陈侯、卫侯、曹伯、莒子、邾子于鄬……陈侯逃归。

《春秋左传·襄公七年》：楚子囊围陈，会于鄬以救之……陈人患楚。庆虎、庆寅谓楚人曰："吾使公子黄往，而执之。"楚人从之。二庆使告陈侯于会，曰："楚人执公子黄往矣。若不来，群臣不忍社稷宗庙，惧有二图。"陈侯逃归。（杨伯峻：《春秋左传注》，第三册，第953—954页。）

5. 《春秋·僖公十九年》：冬，会陈人、蔡人、楚人、郑人盟于齐。《春秋左传》注曰：陈穆公请修好于诸侯，以无忘齐桓之德。冬，盟于齐，修桓公之好也。（杨伯峻：《春秋左传注》，第一册，第384页。）

《春秋左传·僖公二十三年》：秋，楚成得臣帅师伐陈，讨其贰于宋也。遂取焦、夷，城顿而还。（杨伯峻：《春秋左传注》，第一册，第402页。）

《春秋·僖公二十五年》：秋，楚人围陈，纳顿子于顿。

城费◎叔弓帅师围费①

题解：公元前566年，鲁国权臣季氏为维护自己家族的利益，不惜在农忙时节征调百姓为其修筑费城。公元前529年，季氏家臣南蒯占据坚固的费城以背叛季氏。通过对《春秋》记载的这两件事的分析，刘基在这篇文章中主要传达了两大观点：一是强调"出乎尔者反乎尔"的道理，季氏目无君王礼法，滥用民力，筑高城；而他的家臣南蒯则有样学样，以下犯上，占据主公的城池以叛乱。二是为人君者当要勤勉自强，对于世家豪族的势力不能坐视其任意强大。天子弱而诸侯强，鲁公弱而三桓强局面的出现，都是为人君者不能限制权臣势力发展的结果。

大夫役民，以强私家②，而无以制陪臣③之横，可见其出乎尔者之反

---

① "城费"出自《春秋·襄公七年》。"叔弓帅师围费"出自《春秋·昭公十三年》。城费，在费地筑城。费，《春秋左传·僖公元年》"公赐季友汶阳之田及费"，所以费地为卿大夫季氏所有，费城在今山东费县。叔弓，"鲁宣公弟叔肸曾孙，又称子叔敬叔。"（杨伯峻《春秋左传注》），此时南蒯剧费城欲叛，故往讨之。

② 大夫役民，以强私家：据《左传》，襄公七年（公元前566），当时鲁国掌管徒役的叔仲昭伯想巴结季氏，教唆费邑的县宰南遗向季武子建议在费地筑城，并表示自己会大力为筑城征调劳力。季武子听取了南遗和叔仲昭伯的意见。但因费乃季氏私邑，故而筑城实则是增强了季氏家族的力量。

③ 陪臣：亦称"重臣"。在古代，天子以诸侯为臣，诸侯以自己的大夫为臣，诸侯的大夫又有自己的家臣；诸侯大夫对于天子，大夫的家臣对于诸侯来说就是"陪臣"。《史记·齐太公世家》："周欲以上卿礼管仲，管仲顿首曰：'臣陪臣，安敢！'三让，乃受下卿礼以见。"南蒯相对于鲁君而言，是陪臣。

乎尔①也。甚矣上行下效之捷于影响也！季孙宿②为政于鲁，无故役民以城费，不过欲强其私邑以弱公室也。岂意至于意如③，而南蒯④据之以叛；叔弓帅师围之，有如敌国；其效岂不深切著明矣乎？君子曰："所恶于下，毋以事上；所恶于上，毋以使下。"⑤观季孙之所为，亦可为不能事君者之戒矣。

夫先王之制：大都⑥，不过三国之一⑦；中，五之一；小，九之一。所以示强干弱枝之道而弭⑧乱之所由生也。昔者季友受费于僖公，至是九十年矣，未尝有疆场之虞也。无故役民以城之，且当农事方殷之月，何其急耶！是季孙宿之欲斫丧⑨公室，惟恐其弗及也。是故乘叔仲之媚己，而兴版筑之功。君且不顾，于民何有哉。一旦百雉⑩之城溥彼东土，而龟蒙之景如两国⑪焉。由是而三分公室有其一⑫，由是而四分公室有其二⑬，惟其所欲而为之，夫孰得而制之哉。而不思南氏之世为费宰，亦犹季氏之世

---

① 出乎尔者之反乎尔：你怎样对待别人，别人也会反过来怎样对待你。孟子劝诫穆公言："曾子曰：'戒之戒！出乎尔者，反乎尔者也。'"（《孟子·梁惠王下》）

② 季孙宿：鲁国的正卿，此时执政鲁国。季孙宿实乃姬姓，季氏，称"季孙"是对其季氏宗主身份的尊称。谥武，史书多称季武子。季氏是当时鲁国最有权势的三大家族之一。

③ 意如：即季孙意如，季孙宿（季武子）之孙，鲁国执政正卿。谥平，史称季平子。

④ 南蒯：南遗之子，继其父为费之宰。季孙意如执政鲁国后，南蒯不满季平子对自己的轻慢无礼，故背叛之。

⑤ 此句出自《大学》，意为：如果讨厌下级（对你）不忠，那就不要用这种态度去侍奉（你的）上级；如果讨厌上级（对你）轻慢无礼，就不要用这种态度去使用（你的）下属。

⑥ 都：城市、城邑。

⑦ 三国之一：国，国都。国都的三分之一。

⑧ 弭：消除。

⑨ 斫（zhuó）丧：损害。

⑩ 雉：古代计算城墙面积的单位，长三丈高一丈为一雉。百雉，即三百丈。城高百雉，是君主的特权；为人臣者城高百丈，是为僭越。《春秋左传·隐公元年》："都城过百雉，国之害也！"

⑪ 龟蒙之景如两国：龟，龟山，在今山东省新泰县西南；蒙，蒙山，在今山东省蒙阴县南，与费县相接。因两山属同一山脉，距离相近，合称龟蒙。《诗经·鲁颂·閟宫》："奄有龟蒙。"如两国，季氏筑百雉之城，俨然把自己的封邑当作独立王国；而蒙山处费地，故曰龟、蒙两山地理位置相近，但是像分属于两个国家。

⑫ 三分公室有其一：鲁本有二军，为鲁君所掌控。襄公十一年（公元前562），鲁改二军为三军，分别为孟孙、叔孙、季孙私有，三家各得一军之指挥和编制权。

⑬ 四分公室有其二：昭公五年（公元前537），鲁舍中军，四分公室，季孙独得其二；孟孙、叔孙各得其一。

为鲁卿也；彼南蒯之欲出季孙，亦犹季孙之欲僭其君也。叔弓以国卿，动鲁国之众，环而攻之，则向日之沟池雉堞，反为他人之守，亦独何哉？出乎己者之反乎己，不可诬也。

《春秋》书"城费"于襄公之时，而又书"围费"于昭公之世，所谓属词比事，原始①可以知其终矣。故曰："禄之去公室五世矣，政逮于大夫四世矣，故夫三桓之子孙微矣。"②夫三桓实分公室，而子孙以微，何耶？下陵上替③，虽令不从，此其效也。或曰："《春秋》不登叛人，南蒯以费叛，而不正其罪，何也？"曰："谓《春秋》法不书内叛，但书围，则叛可知。"此胡氏④之说，其或有未尽欤。按《左氏》，南蒯谓子仲⑤"吾出季氏，而归其邑于公，子更其位，我以费为公臣"，则蒯之叛，叛季氏也，非叛公也。季氏无君之人，安得以叛名蒯。《春秋》亦安得以叛讨夫谋去意如者哉。不然，公山弗狃⑥以费畔，召孔子而子欲往，何耶？

史料链接：

1. 《春秋左传·襄公七年》：南遗为费宰。叔仲昭伯为隧正，欲善季氏，而求媚于南遗。谓遗："请城费，吾多与而役。"故季氏城费。（杨伯峻：《春秋左传注》，第三册，第951页。）

2. 《春秋左传·昭公十二年》：季平子立，而不礼于南蒯。南蒯谓子仲："吾出季氏，而归其室于公，子更其位，我以费为公臣。"子仲许之。南蒯语叔仲穆子，且告之故。

季悼子之卒也，叔孙昭子以再命为卿。及平子伐莒，克之，更受三命。叔仲子欲构二家，谓平子曰："三命逾父兄，非礼也。"平子曰："然。"故使昭子。昭子曰："叔孙氏有家祸，杀嫡立庶，故婼也及此。若因祸以毙之，则闻命矣。若不废君命，则固有著矣。"昭子朝，而命吏

---

① 原始：探究本始。

② 句出《论语·季氏》。逮，及、到。微，衰弱。三桓，即孟孙、叔孙、季孙三家。因三家皆出自鲁桓公，故称三桓。意为：国君丧失制爵禄的权力已经五代了，大夫发布政令也已经四代了。所以三桓的子孙也衰微了。

③ 下陵上替：替，松弛、懈惰。在下者凌驾于在上位者，在上者松弛懈惰。

④ 胡氏：胡安国，南宋著名经学家，作《春秋传》，被定为元朝科举官方定本。《春秋明经》为科举题材文集，故文章中许多说法多从胡安国。

⑤ 子仲：即公子憖（yìn）。

⑥ 公山弗狃：《史记》作公山不狃，《论语》作公山弗扰。

曰："婼将与季氏讼，书辞无颇。"季孙惧，而归罪于叔仲子。故叔仲小、南蒯、公子憖谋季氏。憖告公，而遂从公如晋。南蒯惧不克，以费叛如齐。子仲还，及卫，闻乱，逃介而先。及郊，闻费叛，遂奔齐。

南蒯之将叛也，其乡人或知之，过之而叹，且言曰："恤恤乎，湫乎攸乎！深思而浅谋，迩身而远志，家臣而君图，有人矣哉！"南蒯枚筮之，遇《坤》☷之《比》☵，曰："黄裳元吉。"以为大吉也，示子服惠伯，曰："即欲有事，何如？"惠伯曰："吾尝学此矣，忠信之事则可，不然，必败。外强内温，忠也。和以率贞，信也。故曰'黄裳元吉'。黄，中之色也。裳，下之饰也。元，善之长也。中不忠，不得其色。下不共，不得其饰。事不善，不得其极。外内倡和为忠，率事以信为共，供养三德为善，非此三者弗当。且夫《易》，不可以占险，将何事也？且可饰乎？中美能黄，上美为元，下美则裳，参成可筮。犹有阙也，虽吉，未也。"

将适费，饮乡人酒。乡人或歌之曰："我有圃，生之杞乎！从我者子乎，去我者鄙乎，倍其邻者耻乎！已乎已乎，非吾党之士乎！"（杨伯峻：《春秋左传注》，第四册，第1335—1338页。）

3. 《春秋左传·昭公十三》：十三年春，叔弓围费，弗克，败焉。平子怒，令见费人执之以为囚俘。冶区夫曰："非也。若见费人，寒者衣之，饥者食之，为之令主，而共其乏困。费来如归，南氏亡矣。民将叛之，谁与居邑？若惮之以威，惧之以怒，民疾而叛，为之聚也。若诸侯皆然，费人无归，不亲南氏，将焉入矣？"平子从之，费人叛南氏。（杨伯峻：《春秋左传注》，第四册，第1343页。）

4. 《春秋左传·昭公十四年》：南蒯之将叛也，盟费人。司徒老祁、虑癸伪废疾，使请于南蒯曰："臣愿受盟而疾兴，若以君灵不死，请待间而盟。"许之。二子因民之欲叛也，请朝众而盟。遂劫南蒯曰："群臣不忘其君，畏子以及今，三年听命矣。子若弗图，费人不忍其君，将不能畏子矣。子何所不逞欲？请送子。"请期五日，遂奔齐，侍饮酒于景公。公曰："叛夫？"对曰："臣欲张公室也。"子韩皙曰："家臣而欲张公室，罪莫大焉。"司徒老祁、虑癸来归费，齐侯使鲍文子致之。（杨伯峻：《春秋左传注》，第四册，第1364页。）

5. 《春秋左传·僖公元年》：公赐季友汶阳之田及费。（杨伯峻：《春秋左传注》，第一册，第279页。）

6. 《春秋左传·襄公十一年》：正月，作三军，三分公室而各有其一。三子各毁其乘。季氏使其乘之人，以其役邑入者无征；不入者倍征。孟氏使半为臣，若子若弟。叔孙氏使尽为臣，不然不舍。（杨伯峻：《春秋左传注》，第三册，第 987 页。）

公至自晋◎晋侯使士匄来聘◎杞伯来朝◎邾子来朝◎筑郎囿①

题解： 公元前573，鲁成公从晋国朝见新登基的晋悼公，回国后，晋便派上卿士匄回访鲁国，作为回礼。其后，杞国和邾国的国君皆来鲁国做友好访问。随即，鲁国便在国内兴修供田猎游玩之用的郎囿。刘基将此四事并列为一题，认为《春秋》记事如此，实是为现鲁成公治国无道：大国和睦，小国归服，在这样良好的外部环境下，成公不图倡明政治、富足国民，反而兴劳民伤财之举，实是有违贤君之道。

交情睦于外而逸乐肆于内，观《春秋》比事之书，可以知望国之所以衰矣。

夫国家闲暇，乃修明政刑②之时，而劳民以自奉，则岂君人之道③哉。成公之末年，至自朝晋，而晋侯即使士丐来聘，大国睦矣；既而杞伯、邾子相继来朝，小国睦矣。四邻和睦，国家无故，不于此时立政立事，以新其国，乃役民以筑鹿囿，夫何为哉？君子以是知成公之终于不振而已矣。尝观成公在位十有八年之间，国内多故甚矣。方其即位之未几也，赤棘有

---

① 篇题出自《春秋·成公十八年》。士匄（gài），祁姓，范氏，名匄，因范氏为士氏支系，故称士匄，下文又称"士丐"；晋国卿大夫、中军将，谥"宣"，史书又称范宣子。范宣子曾辅佐晋悼公和晋平公，为晋悼公的复霸事业做出了巨大贡献。杞伯，杞桓公。杞，姒姓，禹的后代。成汤时候就曾封国，周武王灭商后，求禹之后，得东楼公，封之于杞。邾子，邾国国君。邾，国名，曹姓国。郎囿，《春秋》原文为"鹿囿"，下文亦有"囿曰鹿囿者，养鹿之所也"，知标题中"郎囿"是"鹿囿"之误。《四库全书荟要·诚意伯文集》即作"鹿"。囿，畜养动物以供狩猎之所。

② 修明政刑：整饬、昭明政治和刑罚。刑，刑罚。

③ 君人之道：治理天下、统治百姓之道。君，这里作动词，意为统治、为……（的）君主。

盟，而东虐于齐①；战韩幸胜，而南辱于楚。②比年③朝晋，而汶阳之田终失于韩穿之言④；仆仆从役⑤，而沙随之会又中于侨如之谮⑥。会葬而见止，来聘而及盟。⑦其所以困心衡虑⑧者，亦云至矣！何独无愤悱⑨自强之心乎！幸而晋悼新立，矫厉公之虐政，复文襄之故业，推亲亲之心以仁我，是以公之如晋，至不暖席，而士匄之聘，踵及鲁庭。以伯主之尊，报礼于鲁惟恐或后，晋之待鲁，非复昔日比矣。于是杞伯、邾子之朝，项领

---

① 赤棘有盟，东虐于齐：成公元年（公元前590），因齐、楚交好，为防齐、楚联合攻鲁，鲁国和晋国在赤棘结盟，以共同对付齐国和楚国。次年（公元前589），齐师进犯鲁国北部边界。

② 战韩幸胜，而南辱于楚：遍考成公之年，未见于韩地有战事，此当从《四库全书荟要·诚意伯文集》作"鞌（ān）之战"。成公二年（公元前589），齐国侵犯鲁国北部边界，卫国出兵救鲁，被齐军打败。其后，鲁、卫共求晋国出兵相救，晋侯派郤克、士燮、栾书率军驰援，与齐师战于鞌。鞌之战，鲁、晋、卫一方最终胜出。鲁、晋、卫能以较少的兵力赢得这场战争，跟齐顷公的骄傲轻敌有很大关系，并且晋师主帅郤克在战争一开始便被齐军流矢所伤，流血不止，所以对于鲁国来说这场胜利可以称"幸胜"。此年冬天，楚国怪鲁国去年与晋盟于赤棘，又怪鲁国与晋国联手对齐，不朝楚国，故以大兵侵卫国，又攻打鲁国蜀地。鲁国向楚国献纳三百名匠人，并送王室公子公衡作为人质，请求和解。随后，鲁、卫被迫与楚结盟于蜀。故曰"南辱于楚"。

③ 比年：每年。

④ 汶阳之田终失于韩穿之言：鞌之战齐国战败后，晋侯要求齐国把先前侵占的汶阳之田归还给鲁国。然而在成公八年（公元前583），晋侯又反悔，派韩穿叫鲁国把汶阳之田又还给了齐国。

⑤ 仆仆从役：仆仆，舟车劳顿的样子。成公十六年（公元前575），鲁国应晋侯之请，赴鄢陵共战楚国。

⑥ 沙随之会又中于侨如之谮：沙随，宋国地名。侨如，叔孙侨如，鲁国卿大夫，谥宣，又称宣伯。鄢陵之战，晋国盟军大败楚军之后，晋侯、齐侯、卫侯、鲁公等盟国首脑在沙随相会，然而沙随之会晋侯却因为误会没有接见鲁成公。起先，鲁国的叔孙宣伯和成公的母亲穆姜私通，想要除掉季文子和孟献子而夺取他们的家产。穆姜要求成公驱逐孟氏和季氏。成公以晋侯求兵赴鄢陵抗楚之事相告，要求等战事结束后再说。穆姜听后很生气，表示如果成公不答应，便废成公，立成公的儿子为君。成公只好布置好宫室守卫工作再出行援晋，所以去晚了。宣伯便贿赂晋国的郤犨（chōu）要他向晋侯诬陷鲁成公迟到是为了等待战争的胜利者，好再做立场决定。晋侯于是在沙随之会上没有接见鲁成公。

⑦ 会葬而见止，来聘而及盟：聘，聘问、访问。成公十八年（公元前573）鲁成公前去晋国朝见了新即位的晋悼公。六月，作为回礼，晋派大夫范宣子往鲁国聘问。此为"来聘及盟"。八月，成公去世。十一月，楚国伐宋，晋派兵救援，晋侯亦向鲁国求兵。十二月，鲁仲孙蔑、晋侯、宋公、卫侯、邾子、齐崔杼六国同盟于虚杅，共谋救宋事宜。随即鲁成公下葬，仲孙蔑便请求先回国参加葬礼。此为"会葬而见止"。

⑧ 困心衡虑：费心费力。《孟子·告子下》："困于心，衡于虑，而后作。"

⑨ 愤悱（fěi）：竭力思索以求解决问题的样子。《论语·述而》云："不愤不启，不悱不发。"朱熹注释说："愤者，心求通而未得之意；悱者，口欲言而未能之貌。"

相望。自吴伐郯之岁曹伯来朝①之后，诸侯不至鲁庭者十年，谓鲁之不见重于大国也。今而骤来，庸②非为晋重鲁之故欤？大国来聘而小国来朝，公之困辱，至此可少杀乎，则当居安思危，鉴已往之不逮③，图将来之日新，明德修政，怀保小民，维其时矣④！不此之图，⑤ 而槃乐傲怠⑥，如恐不及，当农事之方殷，役丘民以筑囿。

囿曰鹿囿者，养鹿之所也。⑦ 虞山薮之利，以奉耳目之娱，而不知国政已落三家之手，虽有台池苑囿，其能独乐之哉。《春秋》比而书之，义自见矣。厥后昭公之即位也，鲁亦未有事也。七年而公如楚，八年而叔弓如晋，九年而仲孙貜如齐，大国睦矣，而郎囿筑焉，无乃效成公之尤乎？《诗》曰："且以喜乐，且以永日。宛其死矣，他人入室。"⑧ 筑囿未几，而周公之鲁为季孙之鲁矣。⑨ 他日定公亦筑蛇渊之囿于隳三都⑩之日，卒

---

① 吴伐郯之岁曹伯来朝：吴伐郯之岁，即成公七年（公元前584）；曹伯，曹宣公。曹，姬姓国，周武王封其弟姬振铎于曹，都陶丘（现于山东省定陶县）。

② 庸：岂、难道。

③ 不逮：不及、没有达到的地方。

④ 维其时矣：就是这个时候。

⑤ 不此之图：倒装句式，应是"不图此"；"之"为结构助词，无义。"此"指的是上文"明德修政""怀保小民"。

⑥ 槃乐傲怠：大肆作乐，沉迷于游玩，惰于政事。槃（pán），与"乐"同义，皆是奏乐之意。傲，出游、游玩。语出《孟子·公孙丑上》："今国家闲暇，及是时，般乐怠敖，是自求祸也。"

⑦ 刘基把"鹿囿"理解成"养鹿之所"恐怕不太正确。《春秋》昭公九年（公元前533）有"筑郎囿"，定公十三年（公元前499）有"筑蛇渊囿"，"郎"和"蛇渊"都是地名，此"鹿囿"之"鹿"当也为地名。

⑧ 出自《诗经·唐风·山有枢》，译为：姑且用它享受吧，姑且用它消磨时光吧；等有朝一日死去了，别人就进入你的房屋（拿走你的一切）。本诗讽刺的是唐国统治者守财奴的形象，他们占有大量财富和资源，却不愿与民分享；诗句也告诉那些守财奴，等他们死后，别人就会进入他们的房间，把一切都拿走。刘基引这句诗是因为鲁君筑山林湖泽为私家乐园，不与民分享山泽之利，与《唐风》中讽刺的对象行为相似。

⑨ 筑鹿囿的鲁成公死后，鲁襄公即位。襄公十一年（公元前562），孟孙、叔孙、季孙三家三分公室，季孙占其一；襄公死后，昭公即位。昭公五年（公元前537），又四分公室，季氏得二，势力远超孟孙、叔孙；昭公二十五（公元前517）年，伐季平子，失败，昭公逃出鲁国。故曰"筑囿未几，周公之鲁为季孙之鲁"。

⑩ 隳三都：隳（huī），毁坏。三都，孟孙的成、叔孙的郈、季孙的费，皆三家之私邑。"隳三都"事发定公十三年（公元前499），由当时任大司寇的孔子提出并主持，目的是削弱三桓的势力，加强鲁君的统治。计划最终失败，孔子也由此离开了鲁国。

使圣人去鲁，而一变至道之国，终分崩离析而不能守。叔孙有言曰：无囿犹可，无民何为？① 而鲁之诸君不悟也，哀哉！

史料链接：

《春秋·成公十八年》：公至自晋。晋侯使士匄来聘。秋，杞伯来朝。八月，邾子来朝，筑鹿囿。（杨伯峻：《春秋左传注》，第二册，第905页。）

《春秋左传·成公十八年》：公至自晋。晋范宣子来聘，且拜朝也。君子谓晋于是乎有礼。秋，杞桓公来朝，劳公，且问晋故。公以晋君语之。杞伯于是骤朝于晋而请为昏……八月，邾宣公来朝，即位而来见也。筑鹿囿，书，不时也。（杨伯峻：《春秋左传注》，第二册，第912—913页。）

---

① 昭公九年（公元前533）筑郎囿，季平子欲快速完成工程，叔孙昭子体恤民力，故劝诫言："无囿犹可；无民，其可乎？"

蔡侯、郑伯会于邓◎公及戎盟于唐◎公至自唐①

题解：公元前710年，蔡、郑、邓三国在邓结盟；鲁桓公在唐与戎结盟。结盟本是周天子之法，未得周天子允诺或是参与，诸侯本不应擅用。更何况蔡、郑、邓三国结盟只是畏楚强大，抱团取暖而已；而戎狄之国，当修德以召之来服，与之结盟却是有伤华夷之大体。刘基将《春秋》记载的此二次盟会列为一题，可见春秋初期诸国违礼之事常有，修德自强之事不务，以致气势衰颓，仁义之道不张，而夷狄之国得以强大。

　德不修而惧外患者为可鄙，身不正而结外交者为可危。夫天下莫大于理，莫强于义也，鲁何会盟之足恃哉！蔡、郑与邓为楚强而惧，则相与为会于邓，而不自省其德之不修也，不亦鄙乎？鲁之桓公篡其兄而立，则往与戎盟于唐，而不自念其身之不正也，不亦危乎？是故于邓之会，特书于经；而于唐之盟，谨书其至，圣人之意见矣。

　呜呼！方叔元老，克壮其犹②，吾闻蛮荆之来威③矣，未闻私相会聚

---

　①　篇题出自《春秋·桓公二年》。邓，历代经学家说法不一，何休、胡安国以为邓为邓国（曼姓国，治地约在今襄阳市北一带）；叶梦得、杨伯峻等人以为此邓为蔡国地名（今河南省漯河市东南有邓城旧址，即古时蔡国邓城）。刘基从何休、胡安国之说，认为邓为邓国，故下文称"三国"。戎，宋张洽《张氏春秋集注》曰："戎，胡氏曰《费誓》称'淮夷徐戎'，此盖徐州之戎，久居中国，在鲁之东郊。"唐，鲁国地名。

　②　方叔元老，克壮其犹：语出《诗经·小雅·采芑》，译为：方叔是元老重臣；计谋百出，用兵如神。《采芑》是一首描写周宣王的卿大夫方叔征讨蛮荆的诗。

　③　蛮荆之来威：来，助词；威，同"畏"。蛮荆感到畏惧。《诗经·小雅·采芑》："显允方叔，征伐猃狁，蛮荆来威。"

而惧之也；元戎十乘，以先启行①，吾闻戎狄之是膺②矣，未闻刑牲歃血以要之③也。而况于时会发禁④，行人⑤掌其事，非列国之所得专；司盟之法，太史藏其约，⑥ 非诸侯之所宜用也哉。今也蔡、郑之为会于邓，不过谓我之封境，密迩荆蛮，而筚路褴褛⑦之众，实蕃有徒⑧，惟我有邦⑨，所当协比⑩，以为辅车相依之势。自常情观之，其策未为失也。君子则曰："惟德可以自强。"苟有令政⑪，则汤以七十里无敌于天下⑫矣，何不师之

———————————

① 元戎十乘，以先启行：语出《诗经·小雅·六月》，译为：大型战车十来辆，冲击敌营打头阵。《六月》是一首记叙、赞美周宣王的大臣尹吉甫北伐狎狁并取得胜利的诗。

② 膺：讨伐、惩罚。《诗·鲁颂·閟宫》："戎狄是膺，荆舒是惩。"马瑞辰《毛诗传笺通释》："膺，击也。"

③ 刑牲歃血以要之：刑，杀。要，约束。以歃血结盟来约束狄夷。古盟法，先凿地为坎（穴、洞），以牛、羊或马为牲，杀于其上，割牲左耳，以盘盛之，取其血，以敦（一种容器）盛之。读盟约以告神，然后参加盟会者一一微饮血，古人谓之歃血。歃血毕，加盟约正本于牲上埋之，副本则与盟者各持归藏之。

④ 时会发禁：通过时会向四方诸侯发布禁令。《周礼·春官·大宗伯》曰"时见曰会"。按周礼，若有诸侯不服周天子，周天子就在国外筑坛，会合四方诸侯，共征讨之。因这种会见没有定期，故称"时见"，亦称"时会"。禁，"九伐之法"，即周天子讨伐诸侯所用的罪名和方式。

⑤ 行人：周天子官名，《周礼·秋官·大行人》言其职掌："时会以发四方之禁。"

⑥ 司盟之法，太史藏其约：约，结盟时共同制定要遵守的条款。太史，周朝官名，地位极尊贵。《周礼·冬官·大司徒》说："凡邦之大盟约，其盟书，而登之于天府，大史、内史、司会及六官，皆受其二而藏之。"这一整句刘基要说明的问题是，盟会之法非诸侯所能擅自使用，蔡、郑二国私自结盟抗楚的行为是不合礼法的。诸侯国盟誓，在春秋时期很常见，但是古代经学家对此不甚推崇，认为诸侯间结盟意味着周天子威信丧失，诸侯间无信，故而需用盟誓来约束彼此；同时结盟也会造成诸侯分化对立，或是与周天子对抗的局面。宋朝学者程颐即言："天下无王，诸侯不守信义，数相盟誓，所以长乱也。"

⑦ 筚路褴褛：即"筚路蓝缕"，筚路，竹编柴车；蓝缕，破衣。《左传·宣公十二年》："筚路蓝缕，以启山林。"言楚国先君不畏艰辛强国富民。现在多用来指创业的艰辛。刘基将"筚路蓝缕"用于此处，则有表现楚国处心积虑，野心勃勃之意。

⑧ 实蕃有徒：蕃，多、盛。徒，党类。即"实在有不少这样的人"之意。《春秋左传·昭公二十八年》曰："恶直丑正，实蕃有徒。"

⑨ 惟我有邦：惟，发语词，无实义。要保全自己的国家。

⑩ 协比：互相依附。

⑪ 令政：令，美。美政、善政。

⑫ 汤以七十里无敌于天下：汤，商朝的建立者，又称成汤，古代儒家称颂的贤王之一。孟子曰："臣闻七十里为政於天下者，汤是也。未闻以千里畏人者也。"言成汤拥有的疆域虽不广阔，却勤修文德，使四方归服。

而安其所以危乎？事丑德齐，莫能相尚，①　而徒以会聚为能事，陋矣哉三国之所为也！《春秋》直书其事，虽无贬词，而鄙之之意自见于言外矣。若夫鲁桓之及戎盟于唐，得无②谓己得国本以不义，而狼子野心之种，实处东郊，我位新定，所当修睦以市③继好④息民之誉？自常人言之，以为不足责也；君子则曰："夷狄之有君，不如诸夏之亡也。"⑤　彼诸侯之甘心同恶者，无可望矣，安知祸之不在此乎？要言⑥既毕，反行饮至，以告先君之庙，幸矣哉桓公之此行也。《春秋》先书"及"以志其欲在鲁，终书"至"以志其幸而得归，而危之之意见矣。观之诸侯，已不能自强矣；观之望国，又有甚焉：则夷夏盛衰之势判矣。呜呼！滥觞⑦不塞，必致于滔天之忧；履霜不谨，无惑乎坚冰之至。⑧　他日盟于齐而战于泓⑨，次厥貉而盟辰陵⑩，甚而至于问鼎于周室⑪，则楚之势愈盛。向使蔡、郑之徒能

---

①　事丑德齐，莫能相尚：丑，相类同。《方言》："丑，同也，东齐曰丑。"尚，超过。所做的事情相类同，德行不相上下，谁也不能超出他人。《孟子·公孙丑下》："地丑德齐，莫能相尚。"

②　得无：表示反问，可以译成"难道不是……"。

③　市：求取。

④　继好：隐公二年（公元前721），鲁曾与戎结盟；今又结盟，故称"继好"。

⑤　出自《论语·八佾》，孔子所说之话。亡，无。意为：如果缺乏文明教化、仁义道德，那么有君主的"夷狄"还不如没有君主的"诸夏"。

⑥　要言：盟约、约定的内容与条款。

⑦　滥觞：《荀子·子道》："昔者江出于岷山，其始出也，其源可以滥觞。"原指河流发源的地方，水少只能浮起酒杯。后用来比喻事情的开始。

⑧　履霜不谨，无惑乎坚冰之至：踩着霜如果不警觉，就不要困惑于严冬的来临。意指凡事要见微知著，作长远考虑。《周易·坤》："初六，履霜坚冰至。"

⑨　盟于齐而战于泓：鲁僖公十九年冬（公元前641），鲁、蔡、楚、郑诸国在陈国的号召下，以"无忘齐桓之德""修桓公之好"的名义在齐国结盟。其时，齐桓公刚去世不久，中原失霸主；久有称霸中原的楚国通过这次盟会轻松地把陈、蔡、郑拉拢到自己旗下。所以刘基在《陈侯使袁侨如会◎陈人围顿◎陈侯逃归》篇中亦说陈侯是"延盗入室"。公元前638年，意欲接霸齐桓公的宋襄公与楚国在泓展开大战，宋襄公战败，这使得楚国势力直接扩张到黄河以北。

⑩　次厥貉而盟辰陵：公元前617年，楚会同蔡、郑、陈诸国，陈兵厥貉，谋划攻打宋国；宋国屈服。楚国联军陈兵厥貉，是楚国逐渐从城濮之战所受重创中恢复过来的表现，再一次展现了楚国图霸中原的雄心。公元前598年，楚国与陈国、郑国在辰陵结盟。这次盟会是在中原地区举行的，且主盟者是楚王。

⑪　问鼎于周室：鼎，古时用于煮烹的器物，被当作政权的象征。公元前606年，楚庄王伐陆浑之戎，打到洛水一带，遂到周王室境内陈兵示威。周天子派王孙满慰劳庄王，庄王便向他询问周鼎的大小、轻重。这事历来被解读成楚庄王欲代周而自立。

思所以自强，吾固知其不在此也。异日侵济西而为鲁患①，阻燕贡②而逐曹君③，极而至于败刘康公之师④，则戎之抗莫遏。向使中国无间可乘，吾又知其未至此也。《诗》曰："枝叶未有害，本实先拨。"⑤ 忧国者盍亦以礼义为尚，不然，何华夷之足辨哉！

史料链接：

1. 《春秋左传·桓公二年》：秋七月……蔡侯、郑伯会于邓，始惧楚也……公及戎盟于唐，修旧好也。冬，公至自唐，告于庙也。凡公行，告于宗庙；反行，饮至、舍爵、策勋焉，礼也。特相会，往来称地，让事也。自参以上，则往称地，来称会，成事也。（杨伯峻：《春秋左传注》，第一册，第90—91页。）

2. 《春秋左传·隐公二年》：二年春，公会戎于潜，修惠公之好也。戎请盟，公辞……戎请盟。秋，盟于唐，复修戎好也。（杨伯峻：《春秋左传注》，第一册，第22—23页。）

---

① 侵济西而为鲁患：庄公十八年（公元前676）夏，鲁庄公追击戎至济西。

② 阻燕贡：阻扰燕国向周天子进贡。《史记·燕召公世家》云："二十七年（公元前663），山戎来侵我，齐桓公救燕，遂北伐山戎而还。燕君送齐桓公出境，桓公因割燕所至地予燕，使燕共贡天子，如成周时职；使燕复修召公之法。"

③ 逐曹君：据《春秋》记，公元前670年，戎侵犯曹国，曹国羁出奔陈国。但关于"羁"的身份，诸说家看法不一，何休认为"羁"为曹国大夫；贾逵认为"羁"即曹国国君；杜预、胡安国则认为"羁"为曹国世子。

④ 败刘康公之师：公元前590年，刘康公（又称王季子，周顷王之子，食邑在刘，谥号"康公"）趁晋国调停周与戎的紧张关系之时，突袭戎军得胜，随即便正式征讨戎，结果被戎大败。

⑤ 语出《诗经·大雅·荡》。拨，断绝。句意为：树的叶子虽未受损害，但树的根却坏朽已久了。意指华夏之国虽表面上看不出败亡的迹象，但是不行礼义，终究会失去长远存在的根基。

郑人侵宋◎宋人、齐人、卫人伐郑◎荆伐郑◎会齐侯、宋公云云，同盟于幽[①]

题解： 公元前679年，郑国背弃盟约，出兵进犯宋国。为示惩戒，齐、宋、卫联合伐郑作为回应。郑国一直被楚国当作附庸，齐、宋、卫联合伐郑，大有可能使郑国归附中原各诸侯，楚国自然不愿就此失去郑国，故亦找了个理由兴兵伐郑。名曰"伐郑"，其实是与齐国等国争夺郑国的控制权。来自楚国的威胁很快使中原各国站到了同一阵线，公元前678年，九国诸侯同盟于幽，推齐桓公为首脑，齐国自此开启霸业。刘基将此四事列为一题，是为了解释春秋时期之所以会出现霸国，外夷之所以会侵扰中原，均是因为有诸侯如郑国者不能谨守信义，互相攻讦，致使有心者成霸，致使外夷有机可乘。

贰国背好，以启华夷之交争；外夷猾夏，而速诸侯之从伯。此世道之所以变也。

夫夷狄之陵中国，岂无其故；而列国之成为伯，亦岂无其由哉。故我庄公之时，郑人弃二鄄之好[②]，而间[③]齐以侵宋。于是诸侯有伐郑之举，

---

① "郑人侵宋"出自《春秋·庄公十五年》；"宋人、齐人、卫人伐郑。荆伐郑、会齐侯、宋公云云，同盟于幽"出自《春秋·庄公十六年》。荆，楚国的别称，亦称"荆蛮"。幽，古代地名。幽之盟，齐侯主盟，鲁公、宋公、陈侯、卫侯、郑伯、许男、滑伯、滕子皆亲往，歃血为盟。此次盟会，标志着齐桓公霸业的开始。

② 二鄄之好：鄄（juàn），卫国地名，今山东省尚有鄄城。二鄄之好，指诸侯于鄄地举行的二次盟会：一次举行于公元前680年冬，与会者有周天子的代表单伯和齐侯、宋公、郑伯；一次举行于公元前679年春，与会者有齐侯、宋公、陈侯、卫侯、郑伯。

③ 间：趁……的空隙。郑国侵犯宋国时，齐国、宋国和郳国正联手征伐郳（ní），故称"间齐侵宋"。

未几而荆亦伐郑。则华夷之争郑，非由郑人侵宋以启之欤？荆既伐郑，而后于幽之盟，出于诸侯之所同欲①，而齐伯成矣。然则来齐、楚之争者，郑也；而成齐桓之伯者，荆也。比事以观，岂不信哉？师人有言："国必自伐，而后人伐之也。"② 其郑之谓乎？又曰："为渊驱鱼者，獭也；为丛驱雀者，鹯也。"③ 其楚之谓乎？我庄公之十年，齐、宋实始为郎之次④，其年荆亦败蔡于莘，俨然有与君并兴之势矣。越四年，而荆入蔡⑤，于是乎有二鄄之会。诸侯之心，盖已凛凛畏楚而思倚齐以为安矣。郑何为者？玉帛之好方同，而干戈之念又起。间诸侯之有事于郯而侵宋，潜师⑥以掠人之境，何名也⑦？是时宋方睦于齐，师而加宋，齐必救之，郑岂不知此哉？而侵宋焉，是谓自作孽，以动天下之兵也。未几而诸侯之师至矣。以一旅之侵，易⑧三国之伐，郑之为谋疏⑨矣！不思既睽⑩于齐，而又取轻于楚⑪，遂使荆尸乘广之卒⑫，鸣钟击鼓，公然问其缓告之罪，而荥阳、京、

---

① 同欲：共同的期望、意愿。

② 语出《孟子·离娄上》。自伐，自我败坏。句意：一个国家必定是自我败坏后才会有他国来侵犯。这里说的是郑若不违背郯之会的同盟协议侵犯宋国，后来也就不会受到齐、宋等国的联合征讨。

③ 化用《孟子·离娄上》"故为渊驱鱼者，獭也；为丛驱雀者，鹯也"之句。字面意思是：水獭想捉鱼吃，却把鱼赶到深渊去了；鹯鹰想捉麻雀吃，却把麻雀赶到丛林中去了。后来用这两句话比喻不善于团结人或笼络人，把可以利用的力量赶到敌方去了。在这里说的是楚国伐郑，展示了自己的武力，却使得害怕楚国的中原诸国迅速团结到齐桓公身边去了，促成了齐桓公的霸业。

④ 郎之次：郎，近曲阜之地。鲁庄公十年（公元前684），鲁与齐、宋交战，齐宋联军驻扎在郎这个地方。

⑤ 荆入蔡：鲁庄公十四年（公元前680），楚国攻陷蔡国。

⑥ 潜师：《左传·庄公二十九》云："凡师，有钟鼓曰伐，无曰侵，轻曰袭。"《春秋》言"郑人侵宋"则是说明行军无钟鼓，故称为"潜师"，也体现了郑国行为的不光彩。

⑦ 何名也：名，名义、理由。何名也，有什么正当的理由呢？按周礼，国家不兴无名之师。

⑧ 易：换（得）。

⑨ 疏：疏略，不周密。

⑩ 睽（kuí）：背离、违背。《周易·序卦》曰："睽，乖也。"

⑪ 取轻于楚：看不起楚国。公元前678年，楚国之所以伐郑的理由是因内乱出逃到栎的郑厉公于公元前680年重新回郑当政，但没有及时告知楚国，楚国认为郑国这样做是看不起楚国。

⑫ 荆尸乘广之卒：指楚国军队。荆尸，楚国的列兵阵法。《左传·庄公四年》："正月，楚武王荆尸，授师子焉，以伐随。"杜预注："尸，陈也。荆亦楚也，更为楚陈兵之法。"乘广，《左传·定公四年》："子常奔郑，史皇以其乘广死。"杨伯峻注："楚王或主帅所率之兵车曰乘广。"

栎之间，自是多故。向使郑人能守二郱之好，则唇齿之势方固，楚安得而轻犯之哉。故曰"贰国背好，而启华夷之交争"也。若夫齐之图伯，固未能卒有诸侯也。北杏之会，宋人旋叛；①二郱之役，郑又贰心。屡会而不敢为盟，知人心未可以强一也。及夫荆患至郑，则天下诸侯皆有无厌②及我之虑矣，于是大国若宋、卫，小国若滑、滕，远国若陈、许，望国若鲁，无不皆来，而郑伯亦不敢不亲至矣。于是相与为盟，且谓之"同"，而无不从齐之国矣。向使楚患未至于郑，则桓公之伯，乌得而遽成哉？故曰"外夷猾夏，以速诸侯之从伯"也。《春秋》书曰"郑人侵宋"，责之也；三国伐郑而书"人"，将卑师少也；"荆伐郑"，狄之也；"盟于幽"而书"同"，同欲也；诸侯书爵，与③之也；不书"我公"，讳失信也。圣人予夺之意见矣。呜呼！以列国而主天下之政④，岂《春秋》之所欲哉。不得已也，则世道之变，可胜言哉！

虽然，吾于齐桓伐郑之事，不能无憾也。郑突⑤以篡而有国，当讨也，使桓公能请于王而正其罪，不亦美乎；而公之志，止于得郑而已耳。伐郑以讨其侵宋，执郑詹以问其不朝⑥，于天下之大义无与也。论者谓召陵之役，不问楚之僭王，而问包茅之不入，⑦盖伯者之苟且⑧，大抵类此。

---

① 北杏之会，宋人旋叛：旋，不久。公元前681年春，齐、宋、陈、蔡、邾各国代表在北杏会晤，共商平定宋国内乱之事。此年冬，宋国即背叛了北杏之会的约定。

② 无厌：厌，满足。这里做名词，指"贪得无厌"的楚国。

③ 与：参加、参与。

④ 以列国而主天下之政：指春秋霸主出现的政治局面，意味着周天子权威的衰退。

⑤ 郑突：郑厉公，姬姓，名突。

⑥ 执郑詹以问其不朝：郑詹，叫詹的郑国人。《春秋公羊传》和《春秋穀梁传》皆据经书不记此"詹"姓氏，且言"詹"为"郑之卑者""郑之佞人也"；《春秋左传》对詹无解释；杜预认为"詹为郑执政大臣，诣齐见执"，具体身份尚有争议。总之，齐国抓"郑詹"这个人的原因是郑国不朝见齐国。

⑦ 公元前656年，齐国合集中原诸国兵力征伐蔡国。号为伐蔡，实则是为了突袭楚国。岂料消息泄露，已知道齐国计划的楚国便派屈完作为使者在齐国联军行军路上等候。齐国见突袭不成，便转而责问楚国为什么不向周天子进贡苞茅（整理成束的青茅，用于祭祀；楚国特产，应进贡周天子之物）。楚国最终答应定期向周天子进贡苞茅，齐国联军一方也觉得很难应对有准备的楚国，于是双方便在召陵结盟和解。但早在公元前704年，楚武王就僭越称王，号称与周天子平起平坐。齐国此时不问楚国僭越称王一事，反问苞茅贡与不贡，显然是避重就轻。可知齐国行事也只是为了维护自己的利益，并不是完全为了维护周天子。

⑧ 苟且：敷衍了事。

不然九合诸侯，一匡天下，其功盛矣，何仲尼之门羞称之哉？①

史料链接：

1.《春秋·庄公十五年》：秋，宋人、齐人、邾人伐郳。郑人侵宋。《左传》注曰：秋，诸侯为宋伐郳。郑人间之而侵宋。（杨伯峻：《春秋左传注》，第一册，第200页。）

2.《春秋·庄公十六年》：夏，宋人、齐人、卫人伐郑。秋，荆伐郑。冬十有二月，会齐侯、宋公、陈侯、卫侯、郑伯、许男、滑伯、滕子同盟于幽。（杨伯峻：《春秋左传注》，第一册，第201页。）

《春秋左传·庄公十六年》注曰：十六年夏，诸侯伐郑。宋故也。郑伯自栎入，缓告于楚。秋，楚伐郑，及栎，为不礼故也。（杨伯峻：《春秋左传注》，第一册，第202页。）

---

① 仲尼之门羞称之：仲尼之门，孔子门徒。之，代词，指齐桓公。这里指的是早期儒家对齐桓公的评价。齐桓公和后来的晋文公讲霸道，而儒家推崇王道，虽然孔子等人对齐桓公、晋文公的历史功绩有一定的认同，但总的来说早期儒家对于齐桓公、晋文公还是持比较严厉的批判态度。孟子说："仲尼之徒，无道桓文之事者。"（《孟子·梁惠王上》）荀子则言："仲尼之门，五尺竖子言羞称五伯。"（《荀子·仲尼》）

齐仲孙来◎齐高子来盟①

题解：鲁庄公死后，鲁国发生内乱，政局动荡不安。齐桓公有趁机吞并鲁国之心，先后派仲孙湫、高傒往鲁国探视情况。仲孙湫回齐国后，告诉齐桓公如果鲁国祸乱的根源共仲（庆父）不死，鲁国政局就会一直混乱下去，并建议齐桓公不用立即制裁共仲而是坐待他自取灭亡。高傒受命到了鲁国之后，了解情况后，从大义出发，帮助鲁国匡正君位，修筑城墙，并与鲁国结盟以安定民心，最终使鲁国的统治重回正轨。刘基将此二事并列，实是通过分析《春秋》记事的笔法来比较仲孙湫和高傒的为臣之道，并对高傒"事君以道"的为臣之道表示赞赏。

外臣之来望国，其受命同而所行异，《春秋》因其得失而予夺之也。

夫以道事君者，忠之大也。仲孙、高子，皆齐大夫。仲孙之来，名为"省难"②；高子之来，名曰"谋鲁"③。其受命而来也，皆非有定难安危一定之辞④也。《春秋》略其君臣之常词，而不称使，无以异也⑤。然仲孙不劝其君急于讨贼，而俟其自毙；高子至则平鲁难而定僖公，使鲁国赖之以安。是仲孙不能匡君以义，而高子则能权而合宜⑥。故《春秋》一则直书曰"来"，而不言其故；一则美而称"子"，且曰"来盟"，则二子

---

① "齐仲孙来"出自《春秋·闵公元年》；"齐高子来盟"出自《春秋·闵公二年》。仲孙，仲孙湫，齐国大夫。高子，杜预言"盖高傒也"，亦是齐国大夫；称"子"，是对其尊称。

② 省难：省，问候、探望。省难，即对别人遭受了苦难表示慰问。

③ 谋鲁：图谋占有鲁国。

④ 非有定难安危一定之辞：一定之辞，确定的、明确的说辞。意思是仲孙湫、高子使鲁时齐桓公都没有用非常明确的话交代他们要帮助鲁国安定统治、渡过危难。

⑤ 无以异也：没有什么区别。指《春秋》在记载仲孙湫、高子来鲁这两件事上，都没有记两人与齐桓公的对话，也都没有记他们是受齐国之"使"。

⑥ 权而合宜：考虑实际情况做出合理的反应。

之得失可见矣。仲尼曰："君使臣以礼，臣事君以忠。"① 谓之"以礼"，则不可为私也；谓之"以忠"，则不以趋走承顺为恭，而以责难陈善②为敬也。然则仲孙、高子之得失，岂不昭昭矣乎？夫齐之与鲁，亲则甥舅③，且邻国也。鲁国有难，齐其可以坐视之乎？而况于盟幽之役，既以伯主自任，昭大神要言焉，于是乎授之诸侯，将何为耶？天祸鲁国，庄公即世，而嗣子弗终④，无所归咎⑤；鲁之臣子，方将有讨，而力不足⑥，则大国是望而已矣。桓公不修乃职，而有乘乱取国之心，乃使仲孙来鲁，阳以省难为名，而阴行窥觎之计。伯主之义，岂若是哉？仲孙之言曰："不去庆父，鲁难未已。"⑦ 则既知罪人之所在矣，则劝其君共行天讨，不可后也，乃⑧曰"难不已，将自毙"，固将坐而待之乎。虽有"务宁鲁难而亲之"⑨ 之言，不足以盖其幸灾养患之罪矣。卒使巨奸稔恶⑩，无所忌惮，而武闱之祸⑪再作。向使仲孙能劝桓公早为之所，岂至此耶！《春秋》不

① 语出《论语·八佾》。

② 责难陈善：责难，勉励别人（君主、上司等）做困难的事。陈善，向别人（君主、上司等）陈述好的方法或政策。《孟子·离娄上》："责难于君谓之恭，陈善闭邪谓之敬，吾君不能谓之贼。"

③ 亲则甥舅：鲁桓公夫人文姜、鲁庄公夫人哀姜与叔姜都是齐国女，所以鲁庄公之子鲁闵公对齐国公室称舅。

④ 嗣子弗终：嗣子，指庄公嫡姬般（或称斑）。弗终，不能终老。庄公死后，季友按庄公之意拥立姬般即位。而庆父当时与庄公夫人哀姜私通，欲立哀姜之妹叔姜（叔姜也是庄公妻）之子姬开为君，故在姬般即位没多久庆父就施计弑死姬般，而后立姬开为君。姬开即后来的闵公。

⑤ 无所归咎：归咎，归罪。指鲁国新君被杀死，但却无法（或没有）追究罪人的罪责。

⑥ 方将有讨，而力不足：史书未记庆父杀死姬般之后，鲁国臣子欲讨庆父而实力不足之事。然而《左传·庄公三十二年》记载有"成季奔陈"一事，东汉经学家服虔注云："季友内知庆父之情，力不能讨，故避其难出奔陈。"

⑦ 不去庆父，鲁难未已：庆父，鲁桓公之子，又称仲庆父、共仲，是鲁庄公的庶兄。庆父其时掌有鲁国兵权，权势极大，行事专横跋扈，又与庄公夫人哀姜私通，荒淫无耻。在庄公死后，欲自立为君，先后弑鲁新君姬般和闵公，是鲁国内乱的罪魁祸首。

⑧ 乃：竟然。

⑨ 务宁鲁难而亲之：务，从事；宁，平定。从事平定鲁国的内乱并对之亲善。

⑩ 巨奸稔恶：罪恶深重之人，这里指庆父之流。

⑪ 武闱之祸：闵公二年（公元前 660），哀姜与庆父合谋欲使庆父取代闵公，故派卜齮（yǐ）在武闱（君王的正寝）杀了闵公。闵公是庆父害死的第二位鲁国君主，也是鲁国庄公三十二年（公元前 662）来三年内死掉的第三个国君。

言其故，而止曰"来"，则其来之无名可知矣。闵公无禄①，鲁国无君，桓公又使高子将南阳之甲至鲁②，而谋其国。其所以命高子者，想不异于仲孙矣。而高子则不然，君之命我，虽无一定之言，而我之事君，岂可引之以当道哉。与其取鲁而失天下之心，孰若安鲁以昭吾君之令德哉。于是制其阃外之命③：鲁未有君，我是以定公子申④之位；鲁难未已，我是以有鹿门、吏门之城；鲁民未安，我是以和其不协而为之盟。使周公之社稷赖以不坠，而齐侯获存亡继绝之名于天下。呜呼！事君若高子，真所谓大臣哉；若仲孙者，可谓具臣⑤而已矣。故《春秋》特褒之而称"子"，且曰"来盟"，见其权在高子，而高子又能行权而合乎善，非若仲孙之比矣。或曰："仲孙以省难来，安知其阴行窥觇之计乎？"曰："观桓公之问曰'鲁可取乎'则知之矣。"曰："然则仲孙何以称字而不贬乎？"曰："仲孙虽不能劝君以讨贼，而亦未尝纳君于恶也，故曰'君其待之'非也，而曰'君其务宁鲁难而亲之'则是矣。故以仲孙方⑥之高子则不足，若加贬焉，则有劝桓公乘时以取鲁者，又将何以罪之哉？此又轻重之权衡也。故曰《春秋》非圣人莫能修之，夫岂可以苟言⑦哉？"

史料链接：

1.《春秋左传·闵公元年》：冬，齐仲孙湫来省难，书曰"仲孙"，亦嘉之也。仲孙归，曰："不去庆父，鲁难未已。"公曰："若之何而去之？"对曰："难不已，将自毙，君其待之！"公曰："鲁可取乎？"对曰："不可，犹秉周礼。周礼，所以本也。臣闻之：'国将亡，本必先颠，而后枝叶从之。'鲁不弃周礼，未可动也。君其务宁鲁难而亲之。亲有礼，

---

① 无禄：无禄即无福，指遭遇不幸死亡。

② 使高子将南阳之甲至鲁：此事及下文所提到的"定公子申之位""有鹿门、吏门之城""为之盟"三件事的记载都出自《春秋公羊传》，《左传》不载。南阳，齐国的下邑。甲，甲兵。

③ 阃外之命：阃（kǔn）外，朝廷之外。阃外之命指在君王没有明确命令的情况下，臣子根据实际情况，凭借自己的判断制定的决策。

④ 公子申：姬申，即鲁僖公（又称釐公），鲁庄公之子，母成风为庄公之妾。闵公被庆父杀死后，季友拥立姬申为君。

⑤ 具臣：朱熹《四书集注》曰："具臣，谓备臣数而已。""具臣"即用来充数的臣子。

⑥ 方：比拟、比类。

⑦ 苟言：随便发表意见、随便评价别人。《论语·子路》曰："君子于其言，无所苟而已矣。"

因重固，间携贰，覆昏乱，霸王之器也。"（杨伯峻：《春秋左传注》，第一册，第257页。）

2.《春秋·闵公二年》：齐高子来盟。《春秋公羊传》注曰：高子者何？齐大夫也。何以不称使？我无君也。然则何以不名，喜之也。何喜也？正我也。其正我奈何？庄公死，子般弒，闵公弒，比三君死，旷年无君。设以齐取鲁，曾不兴师，徒以言而已矣。桓公使高子将南阳之甲，立僖公而城鲁。或曰："自鹿门至于争门者是也。"或曰："自争门至于吏门者是也。"鲁人至今以为美谈，曰："犹望高子也。"

晋人执虞公①

题解：虞国和虢国疆域相邻。公元前658年，晋国以良玉和名马贿赂虞公，想借路经由虞国去攻打虢国。虞公贪图财货，不顾大臣反对，答应了晋国。公元前655年，晋国再次借道虞国伐虢，并灭虢国。虢国被灭后，晋师班师回国，途中顺便把虞国也灭了。虞国的灭亡，纯属咎由自取，他国自当引以为戒。然而虞国和虢国虽小，却和晋国一样，也是周朝的封国，且又和晋国同是姬姓，晋国竟然双双将之灭亡，所以虞国虽可恨，晋国却也不能免罪。

诸侯徇利②以失国，乃其自取之也。夫有国家而以利徇人，未有不失之矣，其虞公之谓乎。虞公贪璧马之赂③，而从晋以灭虢④，虢亡而虞亦随之。《春秋》书曰"晋人执虞公"，言以众人执独夫也。夫以千乘之国⑤，爵为上公，而晋人执之如一夫⑥然，非虞公自取之乎？观圣人之所

---

① 篇题出自《春秋·僖公五年》。执，捉拿、擒住。虞，姬姓国，周文王祖父古公亶父之子虞仲（仲雍）的后代，故城在今山西省平陆县东北一带。

② 徇利：不惜以身求利。徇，通"殉"，为某种目的而牺牲生命。

③ 璧马之赂：鲁僖公二年（公元前658），晋国欲借道虞国去讨伐虢国，恐虞国不许，于是便以晋国宝物屈地所产良马与垂棘所产的玉璧贿赂虞公。虞公受贿后，不但答应借道，还主动请缨做晋的先锋。

④ 虢：姬姓国，周文王祖父古公亶父之孙虢仲、虢叔的后代，治地约在今河南三门峡市和山西平陆县一带。虞国在晋国南部，而虢国又在虞国南部，故晋国要打虢国，不得不借道虞国。

⑤ 千乘之国：《论语·先进》曰："道千乘之国，敬事而信，节用而爱人，使民以时。"马融注言："然则千乘之赋，其地千城也，居地方三百一十六里有奇，唯公侯之封乃能容之。"而实际上虞国封地并非一定有马融所说的那么大。虞国是否公国也有不同说法，《春秋穀梁传注疏》引江熙言："春秋有州公、郭公、虞公，凡三公，非爵也。《传》以为下执之辞，尝试因此论之五等诸侯，民皆称曰公。存有王爵之限，没则申其臣民之称。"按江熙的说法，则虞国国君非公爵，《春秋》称"虞公"只是顺应了虞国子民尊称死去国君为"公"的习惯。

⑥ 一夫：一个平常的成年男子。

书，可以为贪利者之戒矣。

夫虞，太王之昭①也。晋于是乎灭虞矣，则不言灭，而止言"晋人执虞公"，何耶？盖"灭"者，亡国之善词，上下之同力也。② 上无明王，下无方伯，诸侯而有壤地褊小，困于强暴，力不足而失其国，非其有以致之，则书灭，以见灭之者之罪，如谭、遂、弦、黄③之类是也。若夫虞公，则异于是矣。以堂堂上公之尊，君百里之地，夫孰得而犯之哉？今也重货财而轻兄弟，信邪说而违忠言，璧马既入而灭虢之师遂起，不思下阳④灭而虢不能以为虢，虢灭而虞不能以为虞。"辅车相依，唇亡齿寒"，宫之奇⑤言之矣，而不听。是爱社稷不如垂棘之璧，而视同姓之亲不如屈产之乘也。不仁不智，无礼无义，非独夫而何哉？以千乘之君，而身为独夫，其亡也非不幸矣。《春秋》不书"晋人灭虞"，而曰"晋人执虞公"，若曰虞地之缊⑥于晋久矣，虞公之死命制于晋而已矣。故《左氏》曰："罪虞，且言易⑦也。"《榖梁》曰："其曰公者，犹下执之之词也。"⑧ 呜呼！利之能亡人国若是哉！人亦有言："家必自毁而后人毁之，国必自伐而后人伐之。"其如虞公矣！

----

① 太王之昭：太王，周文王祖父古公亶父的尊称。《左传·僖公五年》曰："大伯、虞仲，大王之昭也。"司马贞《史记索隐·吴太伯世家》言："《左传》曰'太伯、虞仲，太王之昭'，则虞仲是太王之子必也。"则"太王之昭"即是"太王之子"之意，虞国的先祖虞仲实为周太王古公亶父之子。

② 整句意为：大概"灭"这个词，对于亡国者来说是一个很好的词，表示这个国家（在灭亡前）曾经团结一心抵抗过侵略者。

③ 谭、遂、弦、黄：谭，治地在今山东省济南市历城区南部一带；谭国于庄公十年（公元前684）被齐所灭。遂，《世本》称其为妫姓国，其地当在今山东省宁阳县西北，与肥城接壤；庄公十三年（公元前681）被齐国所灭。弦，宋人罗泌《路史》称为嬴姓国，清人顾栋高《春秋大事表》认为它是隗姓国；僖公五年（公元前655）被楚国所灭。黄，姬姓国，其地在今河南省潢川县一带；僖公十二年（公元前648）被楚人所灭。

④ 下阳：王夫之、雷学淇均说下阳是虢国宗庙社稷所在之地。僖公二年（公元前658），晋借道虞国，虞、晋联合而攻克了虢之下阳，故而"虢不为虢"也。

⑤ 宫之奇：虞国大夫，曾以虞、虢"辅车相依，唇亡齿寒"之意力劝虞公勿借道晋国伐虢。

⑥ 缊：通"蕴"，包含、归属于。

⑦ 罪虞，且言易：罪责虞公，并且说明晋国十分容易就灭了虞国。

⑧ 此句意为：《春秋》称"虞公"，就像是在说他是被他的臣子抓住的。意即言晋国的政令已在虞国实行，虞国臣民不得不屈服晋国的命令捉拿虞公。

或曰："晋之于虞，同姓也。卫侯燬灭邢而生名之，① 虞固有罪，而晋得从末减②，何耶？"曰："灭人之国，其罪易见；而贪利以失国，其罪难明。下阳，邑也，而以虞、晋灭之为文，晋之罪已见矣。③ 今又执虞公焉，虞公，天子之上公，而晋人擅执之，是无王④也，而得为无罪乎？《春秋》不以'梁亡'之法⑤书之，则亦不以恕晋矣。若夫灭同姓之恶，复何待于贬耶？"⑥

史料链接：

1.《春秋·僖公二年》：虞师、晋师灭下阳。

《春秋左传·僖公二年》：晋荀息请以屈产之乘与垂棘之璧假道于虞以伐虢。公曰："是吾宝也。"对曰："若得道于虞，犹外府也。"公曰："宫之奇存焉。"对曰："宫之奇之为人也，懦而不能强谏。且少长于君，君暱之；虽谏，将不听。"乃使荀息假道于虞，曰："冀为不道，入自颠軨，伐鄍三门。冀之既病。则亦唯君故。今虢为不道，保于逆旅，以侵敝邑之南鄙。敢请假道，以请罪于虢。"虞公许之，且请先伐虢。宫之奇谏，不听，遂起师。夏，晋里克、荀息帅师会虞师伐虢，灭下阳。先书虞，贿故也。（杨伯峻：《春秋左传注》，第一册，第281—283页。）

----

① 卫侯燬灭邢而生名之：燬（huǐ），卫文公的名字。公元前635年，卫文公灭邢，《春秋》记其事曰："卫侯燬灭邢。"《春秋》之例，书"灭"不称名；《春秋》三传都认为此处称卫侯的名字，是在贬责卫侯灭同姓国。（卫、邢，都是姬姓国）

② 末减：从轻论罪或减刑。《左传·昭公十四年》："（叔向）三数叔鱼之恶，不为末减。"杜预注："末，薄也；减，轻也。"

③ 《春秋·僖公二年》记载虞晋占领下阳事曰："虞、晋师灭下阳。"按《春秋》之例，书"灭"的对象应是某个国家，下阳只是虢国的治地，《春秋》却用了"灭下阳"这种说法，在刘基看来，《春秋》此处特别用"灭"这个词，是为了凸显晋、虞灭亡周天子封国的罪恶。

④ 无王：目中无周王。《春秋》中出现的"王"，大多指周天子。

⑤ "梁亡"之法：梁国灭亡是在公元前641年，被秦国所灭，但是《春秋》只书"梁亡"而不按惯例记成"秦灭梁"。原来梁伯好大兴土木工事，筑城多但又不居住，徒使国民贫苦不堪。《春秋》的态度是梁伯无道，梁国实乃自取灭亡，不罪责秦国。对应到晋灭虞国一事来看，虽然虞公像梁伯一样昏庸，但晋灭虞《春秋》记成"晋人执虞公"，而不记成"虞亡"，则说明《春秋》并非认为晋灭虞完全无过错，其中还是包含了贬责晋国的成分。

⑥ 刘基之意是：虞国的灭亡虽然是咎由自取，《春秋》在记此事时却还是记成"晋人执虞公"，仍尊称虞君为"虞公"，原因是《春秋》肯定觉得虞公昏庸固然要贬责，但是灭同姓国的"恶行"更要贬责，故而尊称"虞公"而突出晋国之恶。

2.《春秋·僖公五年》：冬，晋人执虞公。

《春秋左传·僖公五年》：晋侯复假道于虞以伐虢。宫之奇谏曰："虢，虞之表也。虢亡，虞必从之。晋不可启，寇不可玩，一之谓甚，其可再乎？谚所谓'辅车相依，唇亡齿寒'者，其虞、虢之谓也。"公曰："晋，吾宗也，岂害我哉？"对曰："大伯、虞仲，大王之昭也。大伯不从，是以不嗣。虢仲、虢叔，王季之穆也，为文王卿士，勋在王室，藏于盟府。将虢是灭，何爱于虞？且虞能亲于桓、庄乎？其爱之也，桓、庄之族何罪，而以为戮，不唯逼乎？亲以宠逼，犹尚害之，况以国乎？"公曰："吾享祀丰洁，神必据我。"对曰："臣闻之，鬼神非人实亲，惟德是依。故《周书》曰：'皇天无亲，惟德是辅。'又曰：'黍稷非馨，明德惟馨。'又曰：'民不易物，惟德繄物。'如是，则非德，民不和，神不享矣。神所冯依，将在德矣。若晋取虞而明德以荐馨香，神其吐之乎？"弗听，许晋使。宫之奇以其族行，曰："虞不腊矣，在此行也，晋不更举矣。"

八月甲午，晋侯围上阳。问于卜偃曰："吾其济乎？"对曰："克之。"公曰："何时？"对曰："童谣云：'丙之晨，龙尾伏辰，均服振振，取虢之旂。鹑之贲贲，天策焞焞，火中成军，虢公其奔。'其九月、十月之交乎。丙子旦，日在尾，月在策，鹑火中，必是时也。"

冬十二月丙子，朔，晋灭虢，虢公丑奔京师。师还，馆于虞，遂袭虞，灭之，执虞公及其大夫井伯，以媵秦穆姬。而修虞祀，且归其职贡于王。

故书曰："晋人执虞公。"罪虞，且言易也。（杨伯峻：《春秋左传注》，第一册，第307—312页。）

3.《春秋·僖公十九年》：冬……梁亡。《左传》注曰：梁伯益其国而不能实也，命曰新里，秦取之。

梁亡，不书其主，自取之也。初，梁伯好土功，亟城而弗处，民罢而弗堪，则曰："某寇将至。"乃沟公宫，曰："秦将袭我。"民惧而溃，秦遂取梁。（杨伯峻：《春秋左传注》，第一册，第384—385页。）

莒人伐我东鄙，围台◎季孙宿帅师救台，遂入郓①

题解：公元前561年，莒国人攻打鲁国的东部边境，并包围台城。鲁国派季孙宿率军迎战并解救台城。季孙宿攻退莒军后，便顺势进攻莒国，占领了莒国的郓城。刘基解《春秋》笔法，认为《春秋》此二条记载，一责莒人无端兴不义之师，二责鲁国强臣季孙宿擅权生事，叹鲁国君弱臣强之局势。

伐国而围人之邑，与救患而入人之邑者，皆王法之所不容也。

夫兵，《春秋》之所恶。至于乘势以为利，尤有所不当为者矣。我襄公之十有二年，莒人伐我东鄙，而围台。书"伐"，书"围"，是罪之在莒也。季孙宿受命以救台，不受命而遂入郓，书"救"而"遂入"，是罪之在季孙矣。莒固不义，而鲁亦岂为义哉？《春秋》比而书之，所以著二国阻兵修怨②之罪也。凡书"伐"者，皆恶其擅兵以为暴也；伐而围人之邑，则又甚矣。凡书"救"者，皆善其恤患而解纷也；救而遂入人邑，则救不足言而入为罪矣。是故蕞尔莒国，敢伐我而围邑，患自外至者也，君子固为鲁忧之；季氏强臣，因救邑而生事，患自内作者也，鲁国之忧至是始大矣。

---

① 篇题出自《春秋·襄公十二年》。莒，据杨伯峻《春秋左传注》，此莒为己姓国，旧都介根（今山东省膠县西南），后迁莒（今山东省莒县）。台，鲁国地名，在今山东省费县东南。郓，莒国地名。

② 阻兵修怨：兴兵结怨。阻兵，仗持军队，《左传·隐公四年》："阻兵而安忍，阻兵，无众；安忍，无亲。"杜预注："恃兵则民残。"

　　呜呼! 龙旂承祀①, 奄有龟蒙②。鲁, 周公之裔胄, 春秋之时, 惟齐倚其舅甥之故, 而转为仇敌, 其他若宋、若卫、若晋、若秦, 皆不敢以一矢相向者, 畏周公故也。今以僻陋在夷之莒, 乃敢执干戈与鲁周旋, 庸非鲁人自取之乎? 于郦之役, 季友败其师而俘其卿, 莒人不敢报也。③ 僖公屈千乘之尊, 嫁女于其大夫, 而自主之;④ 又降班失列, 下与之盟⑤, 封境之间, 虽得无事, 而辱国亦甚矣。宣公以不正之君, 贪功徇利, 以启争端⑥, 莒犹未敢致报, 畏鲁之有齐援也。襄公不务德政, 而属鄫以为私, 卒致莒人灭鄫, 而侏儒有狐骀之败。⑦ 由是鲁之不能为人所料, 而莒始敢称兵伐我矣。至于今而围台, 乃莒人伐我之三役⑧也。间诸

────────────────────────

　　① 龙旂承祀:《诗经·鲁颂·閟宫》曰:"龙旂承祀, 六辔耳耳。"龙旂 (qí), 画有龙的旗子, 古时诸侯祭祀会用到这种样式的旗子。承祀, 继承祭祀之礼, 鲁国为周公之后, 是秉承周礼最为完备的诸侯国。

　　② 奄有龟蒙:《诗经·鲁颂·閟宫》曰:"奄有龟蒙, 遂荒大东。"用来形容鲁国疆域广阔。龟、蒙, 即龟山和蒙山, 当时都在鲁国境内。

　　③ 郦之役……:僖公元年 (公元前 659), 莒国向鲁国索赂, 鲁国不给, 双方战于郦。鲁国以季友为主帅, 大败莒军, 并生擒莒子的弟弟莒挐。

　　④ 僖公……嫁女……:考之史籍, 嫁女儿给莒国大夫的应是鲁庄公而不是鲁僖公。《春秋·庄公二十七年》云:"莒庆来逆叔姬。"莒庆为莒国大夫, 叔姬为庄公之女。且庄公此次嫁女符合刘基所说的"而自主之", 即莒庆是以莒国大夫的身份亲自到鲁国迎接新妇的。《春秋公羊传》云:"莒庆者何? 莒大夫也。莒无大夫, 此何以书? 讥。何讥尔? 大夫越竟逆女, 非礼也。"何休注言:"礼:大夫任重, 为越竟逆女, 于政事有所捐旷, 故竟内乃得亲逆。"所以据《春秋公羊传》义, 大夫任重, 为不误政事, 不得越境迎接新妇。因而刘基认为鲁公嫁女给莒庆, 不仅身份不匹配, 礼节也不完备, 实是有失身份。

　　⑤ 下与之盟:春秋时期, 鲁国与莒结盟不下六次, 循刘基叙事文理, 这里讲的应是僖公二十五年 (公元前 635) 冬和二十六年 (公元前 634) 春所结之盟。郦之战之后, 鲁、莒就一直处于敌对状态, 僖公二十五年冬, 在卫文公的调停下, 双方结盟于洮; 次年春又盟于向。

　　⑥ 以启争端:指的是宣公四年 (公元前 605)"伐莒""取向"之事。当时, 莒国与郯国有矛盾, 鲁宣公联合齐国欲出面调停, 使两国化解仇怨。岂料莒国并不接受鲁、齐的调停, 鲁庄公便讨伐莒国, 并攻取了当时莒国所有的向地。《左传》批评鲁宣公以乱平乱, "非礼也"。

　　⑦ 鲁襄公四年 (公元前 569), 襄公得到诸侯盟主晋悼公的同意, 让鄫国成为鲁国的附庸; 而莒国有志于鄫国多时, 为了与鲁争夺鄫, 莒国联合了邾国侵略鄫国, 欲实际控制鄫国。鲁国为救鄫, 派臧孙纥伐邾, 结果在邾国狐骀 (tāi) 被打得溃不成军。侏儒, 指矮小之人, 臧孙纥矮小, 故被称侏儒。狐骀之败, 鲁人深以为耻。战败后, 鲁国人就把战事编成歌谣:"朱儒朱儒, 使我败于邾。"

　　⑧ 莒人伐我之三役:莒人第三次讨伐我 (鲁国)。前两次分别发生在鲁襄公八年 (公元前 565)、鲁襄公十年 (公元前 563)。

侯之有事①，背盟好而兴戈矛，今又伐我而围其邑，莒之罪不可胜诛矣。季孙受命以救台。台者，我之封邑，受诸先王，有民人焉，不可以不救也。师至而莒围解，振旅以归复命可矣。乃乘时而遂入郓，无乃怒蹊田而夺之牛②乎。尤而效之③，其罪与莒同矣。而擅权生事，不有其君，非细故④也，其患岂直伐我东鄙而已哉。

《春秋》书"莒人伐我东鄙，围台"，所以著莒人之罪；继书"季孙宿帅师救台，遂入郓"，"帅师救台"可也，而"遂入郓"不可也。"遂"者，专事之词；"入"者，不顺之意：则季孙之罪不可逃矣。故尝论之，莒、鲁之争，每不利于公，而利于季孙。厥后乘乱取郓者，季孙也，而叔孙当其讨；⑤伐莒而取郓者，又季孙也，而昭公受其辱。⑥其事盖权舆⑦于救台入郓之举矣。故曰莒患不足为忧也，而大夫之患，深可为鲁忧也。

---

① 间诸侯之有事：襄公八年（公元前565）、襄公十年（公元前563）莒国伐鲁两次侵略鲁国时，正值晋、楚相争甚急，齐、鲁、宋等国都常有战事。

② 蹊田而夺之牛：蹊，践踏。因别人的牛践踏了田，而夺走别人的牛。比喻惩罚过重。宣公十一年（公元前598），陈国夏征舒弑君，楚国讨伐陈国，并杀死夏征舒。楚国大夫申叔时则曰："夏征舒弑其君，其罪大矣；讨而戮之，君之义也。抑人亦有言曰：'牵牛以蹊人之田，而夺之牛。'牵牛以蹊者，信有罪矣；夺之牛，罚已重矣。"

③ 尤而效之：尤，过错。效仿别人过错的行为。

④ 细故："不值得计较的小事，"非细故"即大事。刘基要表达的意思是季氏在鲁国持权专横，行事不把鲁君放在眼中的行为跟莒国伐鲁一样，是鲁国的巨大危患。

⑤ 鲁襄公三十一年（公元前542）冬，莒国发生内乱，莒君密州被杀。次年鲁昭公元年（公元前541）三月，季武子（季孙宿）便乘机讨伐莒国，并夺取了郓城。当时，鲁国的叔孙豹正和晋国、楚国、齐国等国的大夫在虢进行盟会，重申襄公二十七年（公元前546）"弭兵之会"的和平共处精神。而季武子竟在这个时候行兵伐之事，所以当莒国把被攻伐之事告知盟会时，楚国认为鲁国的无礼行为是在亵渎盟会的精神，向晋侯建议处死鲁国派来参加盟会的使者叔孙豹。（叔孙豹后来得以不死）故刘基说"叔孙当其讨"，即叔孙承担了本来应该由季武子来承担的问责。

⑥ 据"又季孙"之"又"和"昭公受其辱"，则此句"伐莒而取郓"之"郓"应是"鄆"。鄆，莒国之治邑。鲁昭公十年（公元前532），季平子（季孙意如，季武子之子）伐莒，攻取了莒国的鄆地。所谓"昭公受其辱"，是在季平子伐莒取鄆后的昭公十三年，莒人向晋侯告状曰："鲁朝夕伐我，几亡矣。"晋侯由是召集诸侯于平丘，"诸侯修盟，存小国也"，谴责鲁国，拒绝鲁昭公出席平丘之会，以表示对鲁国行为的不满。《春秋》只记载"伐莒"，不记"取鄆"，杜预言："取鄆不书，公见讨于平丘，鲁讳之。"由此，可知昭公实是"受辱"。

⑦ 权舆：起始。《诗经·秦风·权舆》："今也每食无馀，于嗟乎！不承权舆。"朱熹注曰："权舆，始也。"

讵^①不信哉？

史料链接：

1.《春秋·襄公十二年》：十有二年春王二月，莒人伐我东鄙，围台。季孙宿帅师救台，遂入郓。《左传》注曰：十二年春，莒人伐我东鄙，围台。季武子救台，遂入郓，取其钟以为公盘。（杨伯峻：《春秋左传注》，第三册，第996页。）

2.《春秋·襄公八年》：莒人伐我东鄙。《左传》注曰：莒人伐我东鄙，以疆鄫田。（杨伯峻：《春秋左传注》，第三册，第956页。）

《春秋·襄公十年》：秋，莒人伐东鄙。《左传》注曰：莒人间诸侯之事也，故伐我东鄙。（杨伯峻：《春秋左传注》，第三册，第979页。）

---

① 讵（jù）：同"岂"。

卫人立晋①

题解：春秋初，卫国发生了州吁之乱。内乱平定之后，卫国臣民拥立公子晋为卫国国君。周朝社会是宗法制社会，实行嫡长子继承制；而春秋各诸侯国又是周天子的臣子，故各诸侯国的国君需得到周天子承认才算是合法的。今卫国臣民不请示周王，私自拥立公子晋为君。《春秋》记事曰"卫人立晋"，虽无贬词，但结合当时的背景来解读，则谴责之意立现。

为臣而擅置其君，为子而专有其国，则皆得罪于王法矣。夫《春秋》为正名分而作也。卫有州吁②之乱贼，既讨矣，其国人不请于天王而立晋，是擅置其君也。晋虽诸侯之子，无王命而遂立焉，是专有其国也。《春秋》书曰"卫人立晋"，则卫人与晋之罪皆无所逃③矣。

古者诸侯继世袭封，则内必有所承；爵位土田，受之天子，则上必有所禀。必承国于先君者，所以重父子之亲；必禀命于天子者，所以正君臣之义。天下之大伦，于是乎在，而可以私乱之乎？卫州吁以嬖人之子，弑其君而自立，诸侯连兵欲定其位④，而卫人不以为君，凡经八月而杀之于濮⑤，谓卫国之无人焉不可也。奈何知其一而不知其二乎。此圣人之所深惜，而特起"卫人立晋"之文也软。吾尝观卫人之杀州吁，而知春秋之

---

① 篇题出自《春秋·隐公四年》。晋，卫宣公之名，是卫庄公儿子，卫桓公弟弟。"卫人立晋"就是卫国人拥立晋为卫国国君。

② 州吁：卫庄公宠妾所生之子，深得庄公喜爱。州吁恃宠好斗，又骄奢淫逸，无所不做。老臣石碏曾劝谏卫庄公要好好教育州吁，以免酿成大祸，卫庄公不听。公元前 719 年，州吁发动政变，杀桓公而自立为卫君。

③ 逃：同"逃"。

④ 诸侯连兵欲定其位：州吁自立为卫君之后，宋公、陈公、蔡公便与之共伐郑国。州吁弑君，诸国不讨，反与之联手讨伐别国，显然是承认了州吁的"合法"地位。

⑤ 濮：陈国地名。隐公四年九月，卫臣石碏设计杀死州吁于此。

初，人心之天理犹明也；及观卫人之立晋，而伤春秋之时，人心天理之坏亦自此始也。何也？"击鼓其镗，踊跃用兵"①，介先君之宠，握百里之权，弑其君而虐用其民，有宋、鲁、陈、蔡以为之党，其势未易取也。然而"敢即图之"②，使一往而陈人遂执以请莅，以一告老之大夫主其谋，而国人无不从，诸侯无敢沮③，非人心天理之犹明而若是夫？奈之何讨贼之后，遽尔相率自置其君，而不使一介行李④告于天子，视周室如无人焉，则不顾先王之典，而陷其君于无王之罪矣。彼晋者，宣公也，纵不足责，而石子，贤人也，亦不念水木之有本源乎。无他，狃⑤于见闻之习，而遂以为常也。贤者而若是矣，人心天理之坏可胜救乎？观"卫人立晋"之文，继于"卫人杀州吁于濮"之后，其为深惜之可知矣。是故卫人书"立"，"立"者，不宜立也，所以著擅其君之罪也。于晋，绝其公子，言其内无所承也，所以明专有其国之非也。晋也既立，卒于不令，以乱卫国⑥。大抵不正其始者，必不能善其终，盖亦必然之理矣。

或曰：《春秋》书立君者二，此年"卫人立晋"及昭二十三年"尹氏

---

① 击鼓其镗，踊跃用兵：诗句出自《诗经·邶风·击鼓》。镗，击鼓声；兵，兵器。句意为：战鼓擂的镗镗声，战士踊跃练刀枪。《击鼓》是一首反映卫国戍卒思不能归的诗。刘基在这里引用，要表明的是卫国州吁虐用其民的事实。

② 敢即图之：敢，谦辞，自言冒昧；即，这。（冒昧地）请就此机会捉拿他们。隐公四年，石碏欲推翻州吁，使计让州吁及其同党石厚去陈国朝见，并派使者对陈侯说："卫国褊小，老夫耄矣，无能为焉。此二人者，实杀寡君，敢即图之！"陈侯信之，遂扣拿了州吁及石厚，交由卫国发落。

③ 沮：阻止、遏止。《荀子·强国》："是以为善者劝，为不善者沮，上下一心，三军同力。"

④ 一介行李：一个使者。《左传·襄公八年》："知武子使行人子员对之曰：'君有楚命，不使一介（引者按：有的版本或写作"个"）行李告于寡君。'"杜预注："一介，独使也。行李，行人也。"

⑤ 狃（niǔ）：拘泥。

⑥ 卒于不令，以乱卫国：令，善。不令即不善，不得善终。卫宣公还是卫公子时，与其父侍妾夷姜私通，并生有一子，名急（或写作"伋"）。卫宣公即位后，便立夷姜为夫人，立急为太子。后来，卫宣公欲为太子急娶齐国女，知齐女长得非常漂亮后便自娶之。夷姜从此失宠，自缢而死。齐女由是而立为夫人，后称宣姜，生子朔和寿。宣姜与朔以谗言陷害太子急，卫宣公在夺取了宣姜之后，亦不喜欢太子急，便派太子急出使齐国，暗中安排强盗在半途劫杀他。而公子寿想帮助太子急，也被强盗所杀。公子朔于是便被立为太子。第二年，宣公去世。太子朔即位，是为卫惠公。卫惠公四年（公元前696），卫国左右公子因不满惠公参与害死前太子急和公子寿的阴谋，发动政变，立公子黔牟为君。故刘基言卫宣公"卒于不令，以乱卫国"。

立王子朝"① 是也，彼则指其立之之人，而此则言卫人，何也？盖立子朝者，尹氏之私意也。朝不当立，而独尹氏立之也。晋虽不当专有其国，而实当立，故卫人之立晋，特不请于王为可罪，而非若尹氏之私于子朝也。此又轻重之权衡也。吁！圣人之笔严矣哉！

史料链接：

1.《春秋左传·隐公三年》：卫庄公娶于齐东宫得臣之妹，曰庄姜，美而无子，卫人所为赋《硕人》也。又娶于陈，曰厉妫，生孝伯，早死。其娣戴妫，生桓公，庄姜以为己子。公子州吁，嬖人之子也，有宠而好兵，公弗禁，庄姜恶之。石碏谏曰："臣闻爱子，教之以义方，弗纳于邪。骄、奢、淫、泆，所自邪也。四者之来，宠禄过也。将立州吁，乃定之矣，若犹未也，阶之为祸。夫宠而不骄，骄而能降，降而不憾，憾而能眕者鲜矣。且夫贱妨贵，少陵长，远间亲，新间旧，小加大，淫破义，所谓六逆也。君义，臣行，父慈，子孝，兄爱，弟敬，所谓六顺也。去顺效逆，所以速祸也。君人者，将祸是务去，而速之，无乃不可乎？"弗听，其子厚与州吁游，禁之，不可。桓公立，乃老。（杨伯峻：《春秋左传注》，第一册，第30—33页。）

《春秋左传·隐公四年》：四年春，卫州吁弑桓公而立。（杨伯峻：《春秋左传注》，第一册，第35页。）

2.《春秋·隐公四年》：九月，卫人杀州吁于濮。冬十有二月，卫人立晋。

《春秋左传·隐公四年》：宋殇公之即位也，公子冯出奔郑，郑人欲纳之。及卫州吁立，将修先君之怨于郑，而求宠于诸侯以和其民，使告于宋曰："君若伐郑以除君害，君为主，敝邑以赋与陈、蔡从，则卫国之愿也。"宋人许之。于是，陈、蔡方睦于卫，故宋公、陈侯、蔡人、卫人伐郑，围其东门，五日而还。

公问于众仲曰："卫州吁其成乎？"对曰："臣闻以德和民，不闻以乱。以乱，犹治丝而棼之也。夫州吁，阻兵而安忍。阻兵无众，安忍无亲，众叛亲离，难以济矣。夫兵犹火也，弗戢，将自焚也。夫州吁弑其君而虐用其民，于是乎不务令德，而欲以乱成，必不免矣。"

……

州吁未能和其民，厚问定君于石子。石子曰："王觐为可。"曰："何以得觐？"曰："陈桓公方有宠于王，陈、卫方睦，若朝陈使请，必可得也。"厚从州吁如陈。石碏使告于陈曰："卫国褊小，老夫耄矣，无能为也。此二人者，实弑寡君，敢即图之。"陈人执之而请莅于卫。九月，卫人使右宰丑莅杀州吁于濮，石碏使其宰獳羊肩莅杀石厚于陈。

君子曰："石碏，纯臣也，恶州吁而厚与焉。大义灭亲，其是之谓乎！"

卫人逆公子晋于邢。冬十二月，宣公即位。书曰"卫人立晋"，众也。（杨伯峻：《春秋左传注》，第一册，第36—38页。）

3.《春秋·桓公十六年》：十有一月，卫侯出奔齐。《左传》注曰：初，卫宣公烝于夷姜，生急子，属诸右公子。为之娶于齐，而美，公取之，生寿及朔，属寿于左公子。夷姜缢。宣姜与公子朔构急子。公使诸齐，使盗待诸莘，将杀之。寿子告之，使行。不可，曰："弃父之命，恶用子矣！有无父之国则可也。"及行，饮以酒，寿子载其旌以先，盗杀之。急子至，曰："我之求也。此何罪？请杀我乎！"又杀之。二公子故怨惠公。十一月，左公子泄、右公子职立公子黔牟。惠公奔齐。（杨伯峻：《春秋左传注》，第一册，第145—147页。）

三月癸酉，大雨震电◎庚辰，大雨雪①

题解：《春秋》记载了鲁隐公九年（公元前714）两条关于天气方面的史事。因鲁国记史用周正，以我们现在用的夏正去推算这两条记载，则可发现：隐公九年，入春未到惊蛰就已经下起了雷阵雨；而惊蛰之后，正当天气快速转暖之时，却又突然下起了雪。在刘基看来，《春秋》之所以会记雨雪雷电这种寻常事，大概是因为这两次天气均属反常。他进而以"天人感应"之说解《春秋》，认为鲁隐公行事有不当，且不知悔改，故天以反常气象警示隐公；《春秋》乃是通过记反常天气委婉地记鲁隐公之失。

《春秋》纪阴阳之失节②，所以示人君不可忽天道也。

夫《春秋》常事不书，惟异而后书之。震电、雨雪，常有之物，而以为异，何耶？盖周之三月，乃夏时之正月，阳气未大发也，而大雨震电，阳失节矣。震电既发，则雨雪不当复降，越八日而又大雨雪，是阳稚③而阴复肆④也。阴阳之交失若是，安得不以为异乎。天人一理，有感则有其应。观《春秋》之所书，而隐公之失政可知矣。

---

① 篇题出自《春秋·隐公九年》。按天干地支纪月法，以冬至日所在之月为子月。周正以子月为一年的首月，夏正以寅月为一年之首月，所以周代纪月上要比夏代纪月早两月。鲁国用周正，今用夏正，所以"三月癸酉"相当于现在农历正月初十左右，这种时候的天气一般是雨或雨夹雪，而不会有雷阵雨；并且，一般雷阵雨出现之后，天就不会再有雪下。所以，《春秋》这两条是记载反常天气。

② 失节：节，节令、气节。失节即失去了一年各个时段应有的规律性表现。

③ 阳稚：稚，弱小。正月是每年天气转暖，万物复苏的开始；但同时天气亦不稳定，时有反复，所以称为"阳稚"。

④ 肆：放肆，任意行事。

　　愚尝求之《洪范》庶征①之论矣，君人者，所以建皇极②而纳民于福者也，是故雨旸燠③寒，风之若否，由之而应，于是乎有恒寒恒燠之罚焉。人君知之，则遇灾而惧。虽有其象，而无其应，④不然，则应复为感，而灾咎之来必矣。是故震电者，阳精之发；而雨雪者，阴气之凝。震电则发于燠，雨雪则凝于寒，不可并行也。隐公即位，九年于兹⑤，不闻令政，而多凉德⑥。以诸侯而不事天子，以国君而不抚庶民，军旅数兴，政权下替，君道之失久矣。今以建寅之月，未当启蛰之时⑦，而大雨震电，阳气之动已过于早矣。雷电既发于癸酉之辰，而雨雪复作于庚辰之日，阳不顺令，而动非其时，故不能胜阴之兆见矣。故震电而曰"大雨震电"，雨雪而又曰"大雨雪"，则皆非小变矣。

　　为隐公者，盍亦反躬而自省矣：德不修欤？政不举欤？谗邪之未去欤？善人之弗用欤？抑⑧小民之失其所而祭祀之不共⑨欤？何上天降鉴之若是也？我其夙夜畏天之威，而思所以自新，庶其⑩免于戾⑪矣。公则藐乎无所警也，方且伐宋取邑⑫，会郑入许⑬，扬扬然自以为功，而钟巫之

---

①　庶征：庶，众多；征，片兆。"庶征"在《洪范》中特指诸多气候方面的现象。《洪范》"庶征"之论言及君王好的行为与坏的行为所对应的天气情况。

②　皇极：《尚书·洪范》曰"皇建其有极"，皇极即君主建立的有关统治之道的准则。

③　旸燠：旸（yáng），晴天、出太阳。燠（yù），热。雨、旸、燠、寒、风，即《洪范》所说的"庶征"。

④　虽有其象，而无其应：象，表象、形式。言只有雷电、雨雪之表现，实际没有形成灾祸。这里，刘基把"感"和"应"看作两个阶段，"感"是上天对人不端行为的知悉和警示，"应"即灾祸性的报应（回应）。雷电、雨雪皆属异象而不成灾，故称"虽有其象，而无其应"。

⑤　兹：今、现在。

⑥　凉德：薄德。《左传·庄公三十二年》："虢多凉德，其何土之能得？"杜预注曰："凉，薄也。"

⑦　启蛰之时：即二十四节气里的惊蛰，每年公历3月5日或6日，这时的天气变暖速度加快，春雷始鸣，蛰伏于地下的昆虫开始苏醒。

⑧　抑：选择连词。

⑨　共：同"供"。

⑩　庶其：或许、也许。

⑪　戾：不幸、灾祸。

⑫　伐宋取邑：隐公十年（公元前713）夏，在郑庄公的号召下，齐、鲁、郑三国联军以宋国不朝周天子为由，讨伐宋国。该年六月，郑师攻取了宋国的郜和防二地，皆交给了鲁国治理。

⑬　会郑入许：隐公十一年（公元前712），鲁、齐、郑三国伐许，许庄公逃奔卫国。

难①作矣。《春秋》所书，虽然不言其应，而事应之符，昭然不昧，故曰非深明夫天人之理者，不可以言《春秋》也。

抑尝考之于经，凡书雨雪者三，而两在冬。若以夏时言之，则雨雪，冬所当有，《春秋》法不当书，而况二百四十二年之间，岂止两雨雪耶？故知《春秋》之以周正纪事，而书冬之为建酉、戌、亥之月无疑也。② 此夏时之正月，则以震电、雨雪兼作为异，且又大而过常，则皆为不时矣。呜呼！读《春秋》者，不以全经贯之，而欲因一句以求义，安能得圣人之微意哉！

史料链接：

1. 《春秋·隐公九年》：三月癸酉，大雨，震电。庚辰，大雨雪。《左传》注曰：九年春王三月癸酉，大雨霖以震，书始也。庚辰，大雨雪，亦如之。书，时失也。凡雨，自三日以往为霖。平地尺为大雪。（杨伯峻：《春秋左传注》，第一册，第64页。）

2. 《尚书·洪范》："八、庶征：曰雨，曰旸，曰燠，曰寒，曰风。曰时五者来备，各以其叙，庶草蕃庑。一极备，凶；一极无，凶。"

"曰休征：曰肃，时雨若；曰乂，时旸若；曰晰，时燠若；曰谋，时寒若；曰圣，时风若。"

"曰咎征：曰狂，恒雨若；曰僭，恒旸若；曰豫，恒燠若；曰急，恒寒若；曰蒙，恒风若。"

"曰王省惟岁，卿士惟月，师尹惟日。岁月日时无易，百谷用成，乂用民，俊民用章，家用平康。日月岁时既易，百谷用不成，乂用昏不明，俊民用微，家用不宁。"

"庶民惟星，星有好风，星有好雨。日月之行，则有冬有夏。月之从星，则以风雨。"

---

① 钟巫之难：钟巫，神名。钟巫之难即鲁隐公被刺杀之难。隐公十一年（公元前712），鲁隐公将祭祀钟巫之神，在寪氏家中留宿，鲁国大夫羽父派人将隐公刺杀于寪氏家中。

② 意为：《春秋》所说的冬季指的是酉、戌、亥三个月。十二地支对应一年的十二个月，周正以子月为正月，故推之冬季自然就是最后的酉、戌、亥三个月。

公子结媵陈人之妇于鄄，
遂及齐侯、宋公盟^①

题解：公元前 675 年，陈国富人娶卫国鄄地的女子为妻，鲁国大夫公子结亲自将自己的女儿送去陪嫁。公子结送女出鲁国国境后，又听说齐桓公要与宋桓公结盟，遂自作主张地跑去参加。在刘基看来，公子结行为出格之处有三：一是公子结贵为鲁国卿，却把女儿送给鄄地的富人做陪嫁，这是不自重；二是大夫未受君命不能私自出国境，公子结送女去陪嫁乃私事，故有违礼法；三是公子结擅自主张，以下犯上去与齐侯、宋公结盟，有辱尊卑。

大夫轻身^②以亲浅事^③，而专命^④以抗^⑤公侯，《春秋》书之，所以责其重以失己，而又轻以失人也^⑥。夫礼莫大于正名分，过与不及，皆罪矣，而况于一出而两失之乎。

今公子结以国卿之尊，而下媵陈人之妇，是以所重临乎礼之轻，既失

---

① 篇题出自《春秋·庄公十九年》。公子结，鲁国大夫，鲁庄公时为卿。媵，即陪嫁之人，古人嫁女有派人陪嫁的习俗，《春秋公羊传》言："诸侯娶一国，则二国往媵之，以侄娣从。"鄄，卫国地名。刘基于此事从宋儒程颐的说法，即"鄄之巨室嫁女于陈人，结以其庶女媵之，因与齐宋盟，擅之以往"。所以下文称"（公子结）乃纵一己之私情，亲媵妇之浅事""以私事而出"。《春秋公羊传》和杨伯峻等学者则认为，此是陈国娶卫国女，鲁派女往媵，由公子结护送，则公子结送女是公事而非私事。

② 轻身：轻贱自己的身份。

③ 浅事：琐事、意义不大的事。

④ 专命：没有得到命令，自作主张地行事。

⑤ 抗：相当、匹配。

⑥ 重以失己，而又轻以失人：重，相对于陈国来说的。公子结是卿大夫，职责重大，身份尊贵；鲁是礼重之国，陈国是礼轻之国，所以公子结对于陈国来说身份地位为"重"；轻，相对于齐侯、宋公等诸侯而言，公子结是鲁国臣子，身份轻微。

己矣，既而以大夫之卑而专事，以及齐侯、宋公盟，是以所轻干[①]乎礼之重，又失人焉。然则结之不知礼也甚矣，《春秋》能不深恶之哉。吾闻之《易》曰："君子以裒多益寡，称物平施。"[②] 故以微者而视[③]大夫，犹以大夫而视公侯也，其体[④]之不敌，犹堂陛之有级，截然不可犯矣。今公子结以诸侯之子，为当国之卿，固将任出谋发虑之寄[⑤]，以匡社稷、庇民人也。今乃纵一己之私情，亲媵妇之浅事，是谓以尊临卑，而乱上下之等威矣。至于齐侯者，太师之胤，东州之方伯也；宋公者，先代之后，天子之上公也，夫岂列国大夫所可敌哉？乃不自揣，而敢上要之盟，无乃以卑抗尊，而紊君臣之名分乎？故以公子而媵微者之妇，是以冠而荐屦也；以大夫而盟齐、宋之君，则举足而加首矣。[⑥] 不特此也，人臣非君命，不越境。鄄，卫地也，以私事而出，不可也。大夫无遂事[⑦]盟者，有国之大权，不禀于君而专之，不可也。然则此行也，岂特失己失人而已哉？又有不臣之罪矣。《春秋》据事而直书之，结之罪，其可逃乎？是故牲盘之好[⑧]方讲于秋，至冬而三国之师至于西鄙，故曰"国必自伐而后人伐之"，其公子结之谓乎。

虽然，鲁则失矣，齐亦未为得也。彼结之求盟，其从其否，固在我也，何至以二国之君，而辄从其所欲哉。既盟而后伐之，非矣。厥后季孙行父会齐侯于阳谷，求盟，而齐侯弗及之盟。夫以商人[⑨]之不义，且能却行父之请，而况于堂堂伯主之尊乎。呜呼！结不足责也，吾独深为齐桓惜之。

---

① 干：冲撞、冒犯。

② 裒（póu），取。句意为：君子裁取多余的来增益缺乏的，衡量财物的多寡而公平施予。刘基引在此处的意思是：要根据不同的对象行不同的礼，做相应的行为。

③ 视：比、比照。和上文"抗"义同。

④ 体：身份地位。

⑤ 出谋发虑之寄：出谋发虑，为国主出谋划策，考虑影响国家稳定与发展的问题。寄，寄托，为臣者可以说是受君王的委托，辅佐君王治理国家。

⑥ 冠而荐屦……举足而加首：冠，头冠。荐，《小尔雅》言："荐，重也。"即加、重叠之意。屦，古代用麻葛制成的一种鞋，后泛指鞋。在头冠上加上鞋子之意。古人云："冠虽敝，礼加之于首；履虽新，法践行于地。"以屦加于头冠之上，以足加于头上，均是不合情理的行为。

⑦ 遂事：做某事的时候随带做另一件事称"遂事"。

⑧ 牲盘之好：牲、盘，都是盟誓时所用之物。牲盘之好指结盟之好。

⑨ 商人：即齐懿公，齐桓公夫人密姬所生。公元前613年，齐昭公去世，昭公子姜舍即位，商人杀舍自立。

史料链接：

1.《春秋·庄公十九年》：秋，公子结媵陈人之妇于鄄，遂及齐侯、宋公盟。

《胡氏春秋传·庄公十九年》：媵，浅事；陈人，微者。公子往焉，是以所重临乎礼之轻者也。齐侯伯主，宋公王者之后，盟国之大事也，大夫辄与焉，是以所轻当乎礼之重者也。礼者，不失己，亦不失人。失己与人，寇之招也。是故结书"公子"而曰"媵陈人之妇"，讥其重以失己也。齐、宋书爵，而曰"遂"，讥其轻以失人也。"遂"者，专事之词，聘礼大夫受命不受辞，出境有可以安社稷、利国家，则专之可也。谓本有此命，得以便宜从事，特不受专对之辞尔。若违命行私，虽有利国家、安社稷之功，使者当以矫制请罪有司，当以擅命论刑。何者？终不可以一时之利，乱万世之法，是《春秋》之旨也。

2.《春秋·庄公十九年》：冬，齐人、宋人、陈人伐我西鄙。

《胡氏春秋传·庄公十九年》：幽之盟，鲁使微者会；鄄之盟，又使媵臣行，所以受敌。

3.《春秋·文公十六年》：十有六年春，季孙行父会齐侯于阳谷。齐侯弗及盟。《左传》注曰：公有疾，使季文子会齐侯于阳谷。请盟，齐侯不肯，曰："请俟君间（引者按：间，杜预言'疾瘳也'）。"

公会齐侯云云，盟于牡丘◎宋人伐曹◎楚人败徐于娄林①

题解：公元前645年春，齐桓公召集诸侯在牡丘盟会，目的是重温葵丘之盟，并救援被楚国侵扰的徐国。当时齐桓公是霸主，救徐之事不能号令诸侯执行，竟要专门会晤协商，可见当时诸侯联盟之间内部分歧纷杂。而牡丘之盟刚结束，参加会盟的宋国和曹国便生争执，兵戈相向；而本来要救援的徐国，亦在娄林被楚军重创。此事充分反映出楚国乃至后来的吴国、越国之所以能称雄中原，主要是因为中原霸主无力，诸侯不能团结一致，致使外夷之邦有机可乘。

伯谋不协而与国贰，②此外夷之所以得肆其志也。甚矣，齐桓之伯有始而无终也！牡丘之役，将以救徐，而先为盟，固可见其不协矣。誓言方新，而宋人有伐曹之举；大功未立，而自携贰，将何以御外患耶。遂使楚人得志而败徐于娄林，中国之势于是乎衰矣。由此观之，非桓公不能敦③不息之诚④而至于斯欤。

常谓齐内以治外者，善谋也；慎终以承始者，善道也。故外夷之进

---

① "公会齐侯云云，盟于牡丘"出自《春秋·僖公十五年》。"宋人伐曹，楚人败徐于娄林"出自同年冬季记载。牡丘，地名，在山东省茌平县东十里，即今台子高遗址所在地。娄林，地名，在今安徽省泗县东北部。

② 伯谋不协而与国二：不协，不一致、不和。"谋不协"即企图协调异议。与国，同盟国或属国。

③ 敦：勤勉地做某事。

④ 不息之诚：至诚。《中庸》："故至诚无息。"

退，未尝不视诸华之强弱；而诸侯之向背，又岂不由伯心之思敫①哉？是故桓公之始伯也，郑侵宋，则合宋、卫以致讨；②荆伐郑，则率鲁、宋而往救。③分灾讨贰，诸侯无阙，故能壮中国之势，以服四夷。召陵之功，蔚为五伯④之盛，诚可嘉也。使其尝存是心，不亦善乎。奈何葵丘既会，震矜⑤遂生，由是楚伐黄⑥而不救，以次陉犄角之助⑦，反贻队命亡氏⑧之悲，则桓公之不足以宗主诸侯，人知之矣。不然，以密迩山东之徐，楚人何敢逾越险阻以伐之耶？今楚而敢伐徐，则以不救黄而觇⑨桓公之不能矣。公能于此而振旅焉，犹可及⑩也。奈何八国诸侯萃⑪于牡丘，则不鼓行直指淮泗之间⑫，以拯徐人于焚溺⑬，而方且刑牲歃血，以诏鬼神。诸侯，君实有之，何辱盟焉！则伯谋之不协可知矣。使敌人得以忖度其情而

---

① 思敫（yì）：扬雄《法言》曰："或问：'何思何敫？'曰：'老人老、孤人孤、病者养、死者葬、男子亩、妇人桑之谓思。若污人老、屈人孤、病者独、死者逋、田亩荒、杼轴空之谓敫。'"即勤政爱民谓之思，谓做了好事老百姓会思念做好事者；懈怠无道则谓之敫。

② 桓公七年（公元前679），齐侯、宋公、卫侯、郑伯等诸侯在鄄地会晤，关于鄄之会，《左传》言："齐始霸也。"此年秋，郑国竟然趁齐宋忙于伐郳之机，侵略宋国。次年，在齐桓公的主持下，宋国、卫国联兵共讨背叛鄄之会的郑国。

③ 齐桓公二十年（公元前666）事，此年楚国令尹子元以六百乘伐郑，齐国、鲁国和宋国皆派兵救援。

④ 五伯：即春秋五霸。

⑤ 震矜：自得、自满。《春秋公羊传·僖公九年》："葵丘之会，桓公震而矜之，叛者九国。震之者何？犹曰振振然。矜之者何？犹曰莫若我也。"

⑥ 公元前649年，楚国因黄国亲近齐国而不贡楚，讨伐黄国，并于次年灭黄。此时距葵丘之盟（公元前651）只不过两三年时间，齐国坐视友邦被灭而不救，故刘基讥之。

⑦ 次陉犄角之助：犄角之助，指在战争中牵制敌人、互相支援。次陉，公元前656年，齐国会同鲁、宋等八国联军伐蔡，蔡军溃败后，移师伐楚，陈兵陉地。但此次伐楚，黄国并没有参与，故谈不上"犄角之助"。然而黄国较早就归服齐国却是事实，公元前658年和前657年黄国就两次与齐国结盟。

⑧ 队命亡氏：队，同"坠"，坠落之意；队命，即是君主死亡。亡氏，灭族。《春秋左传·襄公十一年》曰："七姓、十二国之祖，明神殛之，俾失其民，队命亡氏，踣其国家。"

⑨ 觇（chān）：观察、侦察，这里亦有推断的意思。

⑩ 及：挽回。

⑪ 萃：聚集。

⑫ 不鼓行直指淮泗之间：鼓行，击鼓行军，言出师光明正大。泗淮之间，指徐国，徐国在淮水和泗水之间。意为：不兴正义之师去淮泗之间救徐国。

⑬ 焚溺：指遭受苦难。

淹留不退，谁之咎耶？大夫之救，不闻有功；① 而伐厉之师，徒为黩武。②
未几而无役不从之宋，遂敢致怨③于伐厉从齐之曹。虽曰弱曹不顾齐矣，
不知牡丘之盟何为耶？外忧未弭，内志已睽④，俾⑤好恶同之国⑥，翦为
仇雠⑦而不能禁。"兄弟阋于墙，外御其侮"⑧，今不然矣，中国之虚实在
楚人目中矣。于是荆尸乘广之旅，蜂合豕突⑨，以败徐于娄林，则向日为
齐取舒之人⑩，今亦无以庇其民矣。使三十余年⑪之功业，一旦扫地，岂
不哀哉？

　　尝因是而论之，齐桓之伯业，有系于宋不小也。方其始也，宋公推戴
以为盟主，而伯业以成；及其终也，宋人背之以伐曹，遂卒无以制楚。昔
者汤以七十里，文王以百里，曷尝倚人以为势哉。譬之于水，有本⑫者，
其出无穷，若夫蹄涔沟浍⑬，得雨而盈，霁⑭则涸矣。

---

　　① 大夫之救，不闻有功：鲁僖公十五年（公元前 645），鲁、齐、宋等八国诸侯在牡丘结
盟，事为救楚攻伐之徐。结盟后诸侯并未率军往徐救急，而是驻扎在卫国的匡地，各自派自己
的大夫前往救徐。但史书不记众大夫救徐是否有效果，且此年冬天，楚人败徐于娄林，故刘基言
"不闻有功"。
　　② 伐厉之师，徒为黩武：厉，国名，一说在今河南鹿邑县东，一说在今湖北随县。伐厉者
是齐国和曹国，亦是发生在鲁僖公十五年（公元前 645），伐厉是为救徐，当时厉国为楚国的追
随者。因伐厉并没有达到救徐的效果，故而刘基言"徒为黩武"。
　　③ 致怨：《春秋左传》曰："宋人伐曹，讨旧怨也。"致怨即讨怨，即报复之意。宋、曹之
间有过节，庄公十四年（公元前 680）时，曹与齐、陈伐宋，此后两国就此结怨。
　　④ 内志已睽：睽，违背、不合。意思是说以齐国为中心而结成的同盟内部已人心相背，不
能团结一心。
　　⑤ 俾：使、使得。
　　⑥ 好恶同之国：有相同的爱好或憎恨的国家，即同盟国。
　　⑦ 翦为仇雠：翦，抛弃。仇雠，仇敌。使好恶相同之国相弃成仇敌。
　　⑧ 出自《诗经·小雅·棠棣》。阋（xì），争吵。阋于墙，在墙内争吵，比喻兄弟失和。句
意为：兄弟虽然在家里争吵，但能一致抵御外人的欺侮。
　　⑨ 蜂合豕突：如群蜂聚集，似野猪奔突。比喻楚军人数纷多，横冲直撞。
　　⑩ 为齐取舒之人：即指徐国。舒，国名，偃姓，其治地大致在今安徽省舒城县。徐国取舒
是在鲁僖公三年（公元前 657）。《春秋》三传均无说起徐国取舒是为了齐桓公，倒是宋人赵鹏飞
在《春秋经筌》中说："齐桓自庄二十六年伐徐，徐遂服于齐也。徐服齐，则取舒之谋，齐谋
也。"明人冯梦龙演义小说《东周列国志》第二十三回记此事亦持赵鹏飞的说法。
　　⑪ 三十余年：据《左传》言齐桓公始霸于鲁庄公十五年（公元前 679），至"宋人伐曹"
"楚人败徐于娄林"之鲁僖公十五年（公元前 645），历时 34 年。
　　⑫ 本：这里为泉源之意。
　　⑬ 蹄涔沟浍：蹄涔（cén），牛蹄足迹中积的雨水。沟浍（kuài），人工修筑的水沟。
　　⑭ 霁：天晴。

呜呼！此伯者之功烈所以如彼其卑①，而君子不愿为之也夫。

史料链接：

1.《春秋·僖公十五年》：楚人伐徐。三月，公会齐侯、宋公、陈侯、卫侯、郑伯、许男、曹伯盟于牡丘，遂次于匡。公孙敖帅师及诸侯之大夫救徐。

《春秋左传·僖公十五年》：十五年春，楚人伐徐，徐即诸夏故也。三月，盟于牡丘，寻葵丘之盟，且救徐也。孟穆伯帅师及诸侯之师救徐，诸侯次于匡以待之。（杨伯峻：《春秋左传注》，第一册，第 350 页。）

2.《春秋·僖公十五年》秋七月，齐师、曹师伐厉。《左传》注曰：秋，伐厉，以救徐也。

3.《春秋·僖公十五年》：冬，宋人伐曹。《左传》注曰：冬，宋人伐曹，讨旧怨也。

4.《春秋左传·僖十五年》：冬……楚人败徐于娄林。（杨伯峻：《春秋左传注》，第一册，第 350 页。）

5.《春秋·庄公十五年》：十有五年春，齐侯、宋公、陈侯、卫侯、郑伯会于鄄……秋，宋人、齐人、邾人伐郳。郑人侵宋。

《春秋左传·庄公十五年》：十五年春，复会焉，齐始霸也。秋，诸侯为宋伐郳。郑人间之而侵宋。（杨伯峻：《春秋左传注》，第一册，第 200 页。）

6.《春秋·庄公二十八年》：秋，荆伐郑，公会齐人、宋人救郑。

《春秋左传·庄公二十八年》：秋，子元以车六百乘伐郑，入于桔柣之门。子元、斗御疆、斗梧、耿之不比为旆，斗班、王孙游、王孙喜殿。众车入自纯门，及逵市。县门不发，楚言而出。子元曰："郑有人焉。"诸侯救郑，楚师夜遁。郑人将奔桐丘，谍告曰："楚幕有乌。"乃止。（杨伯峻：《春秋左传注》，第一册，第 241—242 页。）

7.《春秋左传·僖公十一年》：黄人不贡楚。冬，楚人伐黄。

《春秋左传·僖公十二年》：黄人持诸侯之睦于齐也，不共楚职，曰："自郢及我九百里，焉能害我？"夏，楚灭黄。（杨伯峻：《春秋左传注》，第一册，第 340 页。）

---

① 如彼其卑：是那样的卑微。《孟子·公孙丑上》云："管仲得君，如彼其专也；行乎国政，如彼其久也，功烈如彼其卑也，尔何曾比予于是。"

齐侯袭莒①

题解：公元前550年，齐庄公自伐晋归来，未入都城便率军突袭莒国。古礼崇尚仁义，行事讲求正当的名义和合适的方式，就算是交战，也主张正面交锋，忌讳奇谋巧诈。齐国是大国，又是贤者姜太公之后，却做出偷袭莒国这种为人"不齿"之事，实是有失大国风范，与仁义之道相违背。

大国用兵以掩人之不备，《春秋》特书以著其罪也。

夫兵以御暴，非所以为暴也，而况以诡诈行之者乎。齐为不道，乘莒人之不备，而潜师以袭之，不仁甚矣。《春秋》特起"袭莒"之文，而专目"齐侯"，则其包藏祸心之恶，何所逭②哉。先王用三驱③而不掩群④；君子钓而不纲，弋不射宿⑤；待物且尔，而况于人乎。凡《春秋》书用兵，皆在所恶，然亦有声罪伐人、而驻兵不战以服之者矣，未闻有以"袭"书也。彼小国恃大国之安靖己⑥，无故而加之兵，已有陵弱犯寡之罪，况以阴谋阋计、出其不意而掩取之乎。此《春秋》之所必诛⑦而

---

① 篇题出自《春秋·襄公二十三年》。齐侯，齐庄公，名光。

② 逭（huàn）：《尔雅》云："逭，逃也。"此句意言：齐庄公包藏祸心之恶无所逃避，《春秋》已白纸黑字记其罪行。

③ 三驱：古时君王田猎之制，狩猎时围三面而开一面，不赶尽杀绝，以示好生之德。

④ 掩群：掩，高诱《淮南鸿烈解》言："掩，犹言尽也。"群，动物聚集成的群体。掩群，即消灭殆尽之意。《礼记·曲礼下》云："国君春田不围泽，大夫不掩群，士不取麛卵。"

⑤ 钓而不纲，弋不射宿：《论语·述而下》云："子钓而不纲，弋不射宿。"纲，朱熹《论语集注》注曰："纲，以大绳属网，绝流而渔者。"即用大绳连缀细网，横放江上捕鱼，此种方式捕鱼，大有捕绝河中所有鱼类的意思。弋，把生丝系在箭枝上射出称"弋"；宿，宿鸟，归巢栖息的鸟。

⑥ 小国恃大国之安靖己：小国仰仗大国来安定自己的国家。

⑦ 诛：此当解为"口诛笔伐"之"诛"，即从道义上谴责、排斥。

不赦者也。

　　齐庄背澶渊之会盟，而助叛臣以伐盟主，不义甚矣。[①] 入孟门，取朝歌，无损于晋也。动而无所，以生悖心，[②] 于是袭莒之念兴焉。衔枚卧鼓[③]，出莒人之不意，自谓一鼓可以得莒矣，而不虞其谋之不遂也。且于之门，伤股而退[④]；蒲侯之遇，杞梁授首[⑤]，亦何益哉？人亦有言，"抑君似鼠，昼伏而夜动"[⑥]，其齐侯光之谓矣。《春秋》二百四十二年之编，此为特笔，盖用兵之中，其罪为尤甚者也，而齐独有焉。他日宋皇瑗帅师取郑师于雍丘，而郑罕达亦帅师取宋师于岩，[⑦] 潜踪密迹，伺人之间[⑧]，以相倾覆；流而至于战国，残民以逞[⑨]，若艾草菅[⑩]然。"始作俑

---

　　①　此议论的史事背景为：鲁襄公二十年（公元前 553），因前一年齐、晋两国化解了矛盾，达成和解，故而此年晋、齐、宋、鲁等十二个国家盟于澶渊（今河南濮阳西北，其时为晋国之地），以昌友好互处之道。襄公二十二年（公元前 551），晋国的叛臣栾盈逃奔齐国，齐庄公不顾晋平公的告诫和臣子的劝阻，收留了栾盈。襄公二十三年（公元前 550），齐庄公借送媵妾到晋国的机会，将栾盈偷送至晋国。栾盈随即在曲沃发动叛乱。齐庄公亦兴师，假伐卫，真伐晋，攻占了晋国的朝歌（今河南淇县），入孟门（在今河南辉县，为太行隘道入口），登大行，封少水（少水，今沁水，封少水为埋晋军于少水之地）而还。

　　②　动而无所，以生悖心：无所，无所获的意思，齐军虽伐晋入其地，但却没有对晋国造成大的损失。悖心，反叛之心，齐军举大兵伐晋，却无实质成果，军队难免有厌倦、叛逆之心。

　　③　衔枚卧鼓：枚，古时行军时为了防止出声而让士兵衔在口中的一种器具，状如筷子。卧鼓，息鼓。衔枚卧鼓指的是秘密行军。

　　④　且于之门，伤股而退：且于，莒国的城邑。门，这里做动词，攻打城门之意。股，大腿。齐军攻且于时，齐庄公大腿受伤。

　　⑤　蒲侯之遇，杞梁授首：蒲侯，莒之大夫，这里指蒲侯的采邑。杞梁，杨伯峻言杞梁为齐军领兵大夫杞殖之子，带兵行军时在蒲侯的采邑与莒国国君亲率的大军相遇，战死。

　　⑥　此语为鲁国大夫臧武仲（又称臧孙纥，因遭迫害逃至齐国）对齐庄公所说之话，即是说齐庄公趁晋国栾盈作乱之机伐晋国，如同老鼠晚上活动一样，都不是光明磊落的行为。

　　⑦　宋皇瑗取郑师事发生在鲁哀公九年（公元前 486）。何以见得像刘基所言，《春秋》对宋取郑师的行为有否定态度？原因是《春秋》记事时用了"取"这个词。《春秋公羊传》云："言取之何？易也。其易奈何，诈之也。"何休云："诈谓陷阱奇伏之类。兵者，为征不义，不为苟胜而已。"可见，当时的战争主张光明正大地对战，而不崇尚巧诈计谋取胜。下文郑罕达取宋师亦义同此，其事发生于鲁哀公十三年（公元前 482）。

　　⑧　间：间隙、疏忽。

　　⑨　残民以逞：逞，满足。为了满足自己的愿望而残害人民。

　　⑩　艾草菅：艾、草、菅都有草的意思。"若艾草菅然"就是把人命当野草一样对待。

者，其无后乎!"① 今年未能得志，明年再兴伐莒之师。构怨未已，而不知祸盈恶积，变起萧墙②，未几何时，崔氏之难③作矣。故曰："阻兵无众，安忍无亲，众叛亲离，难以济矣。"④ 呜呼! 若齐庄公者，尚谁怼哉? 抑尝考之于经，凡特笔以著其暴者，多在于齐。故在襄公则有迁纪邢、鄑、郚之举⑤，在桓公则有降郱迁阳⑥之文。不特此也，《春秋》未尝书灭国也，而灭国亦自齐始。发扬蹈厉之志，以成从简尚功之俗，⑦ 盖其流风之未泯欤。

史料链接:

1. 《春秋·襄公二十一年》：公会晋侯、齐侯、宋公、卫侯、郑伯、曹伯、莒子、邾子于商任。《左传》注曰：会于商任，锢栾氏也。（杨伯峻：《春秋左传注》，第三册，第1063页。）

2. 《春秋左传·襄公二十二年》：秋，栾盈自楚适齐。晏平仲言于齐侯曰："商任之会，受命于晋。今纳栾氏，将安用之? 小所以事大，信也。失信，不立。君其图之。"弗听。退告陈文子曰："君人执信，臣人执共，忠信笃敬，上下同之，天之道也。君自弃也，弗能久矣!"（杨伯峻：《春秋左传注》，第三册，第1067—1068页。）

3. 《春秋左传·二十三年》：晋将嫁女于吴，齐侯使析归父媵之，以

---

① 始作俑者，其无后乎：语出《孟子·梁惠王上》。俑，古时用来殉葬的人形土偶或是木偶。其，语气词，表猜测。第一个用俑来殉葬的人，（大概）他应该是绝子绝孙的吧。后来把"始作俑者"用来比喻成第一个做某项坏事或是开不良风气之先的人。引在此处，刘基之意是齐庄公开了以阴谋诡计赢取战争的先河。

② 变起萧墙：祸起萧墙。变，变动、事故。萧墙，古时面对大门起屏障作用的矮墙。变起萧墙是指内乱。

③ 崔氏之难：齐庄公六年（公元前548），齐大夫崔杼杀齐庄公。

④ 语出《春秋左传·隐公四年》。意为：依仗兵力强大而行事则失去民众；安心于做残忍的事情的人，亲人不会依附他。民众反对，亲人背离，（最终，这样人是）难以成功的。

⑤ 迁纪邢（píng）、鄑（zī）、郚（wú）之举：齐襄公五年（公元前693），取纪国邢、鄑、郚三地。迁，《春秋》隐晦笔法，其实就是夺取的意思。邢、鄑、郚皆纪国之邑。齐国欲灭纪，故先迁此三邑之民而取其地。

⑥ 降郱迁阳：降和迁，都是《春秋》婉转的写法，均有夺取和灭的意思。郱，纪国之远邑，齐桓公三十年（公元前664）取之，纪国虽亡于齐襄公八年（公元前690），但纪侯之弟纪季尚有酅邑和郱邑。阳，国名，齐桓公二十六年（公元前660），齐国逼其迁徙而取其地。

⑦ 蹈厉之志，从简尚功：蹈厉之志，奋发向上的志向。从简尚功，指齐桓公、管仲改革内政、军事及礼俗，崇尚功利的行为。

藩载栾盈及其士，纳诸曲沃。栾盈夜见胥午而告之。对曰："不可。天之所废，谁能兴之？子必不免。吾非爱死也，知不集也。"盈曰："虽然，因子而死，吾无悔矣。我实不天，子无咎焉。"许诺。伏之而觞曲沃人。乐作。午言曰："今也得栾孺子，何如？"对曰："得主而为之死，犹不死也。"皆叹，有泣者。爵行，又言。皆曰："得主，何贰之有？"盈出，遍拜之。

四月，栾盈帅曲沃之甲，因魏献子，以昼入绛。初，栾盈佐魏庄子于下军，献子私焉，故因之。赵氏以原、屏之难怨栾氏，韩、赵方睦。中行氏以伐秦之役怨栾氏，而固与范氏和亲。知悼子少，而听于中行氏。程郑嬖于公。唯魏氏及七舆大夫与之。

乐王鲋待坐于范宣子。或告曰："栾氏至矣！"宣子惧。桓子曰："奉君以走固宫，必无害也。且栾氏多怨，子为政，栾氏自外，子在位，其利多矣。既有利权，又执民柄，将何惧焉？栾氏所得，其唯魏氏乎！而可强取也。夫克乱在权，子无懈矣。"公有姻丧，王鲋使宣子墨缞冒绖，二妇人辇以如公，奉公以如固宫。

范鞅逆魏舒，则成列既乘，将逆栾氏矣。趋进，曰："栾氏帅贼以入，鞅之父与二三子在君所矣。使鞅逆吾子。鞅请骖乘。"持带，遂超乘，右抚剑，左援带，命驱之出。仆请，鞅曰："之公。"宣子逆诸阶，执其手，赂之以曲沃。

初，斐豹，隶也，著于丹书。栾氏之力臣曰督戎，国人惧之。斐豹谓宣子曰："苟焚丹书，我杀督戎。"宣子喜，曰："而杀之，所不请于君焚丹书者，有如日！"乃出豹而闭之，督戎从之。逾隐而待之，督戎逾入，豹自后击而杀之。范氏之徒在台后，栾氏乘公门。宣子谓鞅曰："矢及君屋，死之！"鞅用剑以帅卒，栾氏退。摄车从之，遇栾氏，曰："乐免之。死，将讼女于天。"乐射之，不中；又注，则乘槐本而覆。或以戟钩之，断肘而死。栾鲂伤。栾盈奔曲沃，晋人围之。

秋，齐侯伐卫。先驱，谷荣御王孙挥，召扬为右。中驱，成秩御莒恒，申鲜虞之傅挚为右。曹开御戎，晏父戎为右。贰广，上之登御邢公，卢蒲癸为右。启，牢成御襄罢师，狼蘧疏为右。胠，商子车御侯朝，桓跳为右。大殿，商子游御夏之御寇，崔如为右，烛庸之越驷乘。

自卫将遂伐晋。晏平仲曰："君恃勇力以伐盟主，若不济，国之福也。不德而有功，忧必及君。"崔杼谏曰："不可。臣闻之，小国间大国之败而毁焉，必受其咎。君其图之！"弗听。陈文子见崔武子，曰："将如君何？"武子曰："吾言于君，君弗听也。以为盟主，而利其难。群臣若急，君于何有？子姑止之。"文子退，告其人曰："崔子将死乎！谓君甚而又过之，不得其死。过君以义，犹自抑也，况以恶乎？"

齐侯遂伐晋，取朝歌，为二队，入孟门，登大行，张武军于荧庭，戍郫邵，封少水，以报平阴之役，乃还。赵胜帅东阳之师以追之，获晏氂。八月，叔孙豹帅师救晋，次于雍榆，礼也。

……

晋人克栾盈于曲沃，尽杀栾氏之族党。栾鲂出奔宋。书曰"晋人杀栾盈"，不言大夫，言自外也。

齐侯还自晋，不入。遂袭莒，门于且于，伤股而退。明日，将复战，期于寿舒。杞殖、华还载甲，夜入且于之隧，宿于莒郊。明日，先遇莒子于蒲侯氏。莒子重赂之，使无死，曰："请有盟。"华周对曰："贪货弃命，亦君所恶也。昏而受命，日未中而弃之，何以事君？"莒子亲鼓之，从而伐之，获杞梁。莒人行成。（杨伯峻：《春秋左传注》，第四册，第1073—1084页。）

筑台于郎◎筑台于薛◎筑台于秦◎冬不雨①

题解：公元前663年，鲁庄公分别在郎、薛、秦三地修筑高台。高台这种建筑，能供游赏而无实际用途，然而修筑高台却要耗费巨额财富，并会因为征调劳役而耽误农时。因而古代圣贤均不主张修筑这种建筑。鲁庄公却在一年之间修筑了三处高台，其浪费钱财、滥用民力的程度可想而知。古人相信天人感应，行善则天降祥瑞，行恶则天降灾祸。故刘基认为《春秋》于一年内三记"筑台"，又记"冬不雨"紧随其后，实是在表明并谴责鲁庄公的为政无道。

力役荐兴②而民困，故天降之异为可忧。

夫固国莫大于保民，而保民莫切于备患也。鲁之庄公，不知务本而节用，故即位之三十一年，春而筑台于郎矣，至夏而再筑台于薛，其秋又筑台于秦。三时而筑三台，是谓妄兴力役，无故以劳民也，其冬而有不雨之异。夫民力困矣，而重之以天灾，宁不深可忧乎。是故一岁筑台而至于三，则庄公之虐其民者可见；一时不雨而书，则圣人之忧民者可知矣。吾尝观于庄公之经矣，公之二十八年，一兴筑郿之役，而遂至于大无麦禾，则其不能务本节用而无豫灾之备可知矣。筑郿之岁，未尝闻有水旱蝗螟之灾也，而至于仓廪皆竭，况于连筑三台而重以不雨之变乎。呜呼！此《春秋》为之深忧而谨书之也。

---

① 篇题出自《春秋·庄公三十一年》。郎，鲁国地名，据《公羊传》郎台没有筑成时叫郎台，筑成后改名泉台。泉台即逢泉之台，在今曲阜县东南。薛，鲁国地名，今不详其所在。秦，鲁国地名。冬不雨，《春秋》所说的冬季，大部分时间相当于我们现在所说的秋季，故不下雨算是反常。

② 荐兴：荐，又、接连，即接连兴起。

古者天子有灵台，以候①天地；诸侯有时台，以候四时，夫岂以为观游之所哉。今庄公去国筑台于远②，则是为耳目之娱而劳民矣。劳民以自乐，使百姓见其车马羽旄，皆疾首蹙额而相告，其何以为国乎？故当卒岁于耜③之时，既已筑台于郎矣；至举趾条桑之月④，又筑台于薛焉；侈心一肆⑤，遂不可遏，又役亨葵及菽⑥之民，而筑台于秦。何至若是数数而不惮烦也哉？财尽则怨，力尽则怼。怨怼之气积于下，而阴阳之气沴⑦于上，是以不雨之应，遂见于此年之冬。呜呼！天之爱民甚矣，岂使一人肆于民上而淫从其欲哉？今兹之警，良可惧矣。是故一时不雨，非大灾也⑧，《春秋》犹谨书焉，所以寓忧民之深意也。抑尝论之，鲁于春秋，以周公之故，而为天下诸侯之宗。庄公值齐桓之伯，晏安⑨无事。苟能立政立事，以保乂⑩其民，周公之业可复振也。今也不然，及此时盘乐怠傲，不亦深可惜哉？三筑台而不雨矣，明年之春，又城小谷，⑪是以民力为不足惜而惟其所欲为矣。身虽终于正寝，而嗣子卒毙于乱臣⑫之手，其

———————

① 候：侍候之"候"，服侍、照料，言灵台用于祭祀天地。

② 去国筑台于远：去国，国，这里指国都，去国即远离国都。庄公筑台于薛，《公羊传》言"何以书？讥。何讥尔？远也"，可见薛地离鲁都曲阜甚远。

③ 卒岁于耜：卒岁，年终；于耜（sì），修理农具。《春秋》记庄公三十一年春，筑台于郎。周历以子月（即太阳直射南回归线之日所在的那个月）为一年之首；今人所用农历为夏历，以寅月为一年之首，故周历标记月份要比夏历早两个月。鲁国之春季时间，相当于今农历之十一月、十二月、一月，故刘基言"筑台于郎"在"卒岁于耜"。

④ 举趾条桑之月：下地春耕之时和修理桑树之时，皆农忙时节，分别在今农历二月、三月份；若按周历，则是四月和五月。《春秋》曰："夏四月，薛伯卒。筑台于薛。"显然是责庄公用民不合时节。

⑤ 肆：放纵。

⑥ 亨葵及菽：葵，葵菜；菽，大豆，煮葵菜烧豆汤。《诗经·豳风·七月》云："七月亨葵及菽。""七月"即周历九月，属秋季，《春秋》曰："秋，筑台于秦。"

⑦ 沴（lì）：阴阳之气不协调。《后汉书·五行志》："气之相伤谓之沴。"

⑧ 非大灾也：《春秋》之例，只记不下雨而未记干旱，则说明没有形成灾害。《春秋》记鲁僖公二年十月至三年五月均不雨，《左传》言："自十月不雨至于五月。不曰旱，不为灾也。"

⑨ 晏安：安逸、闲适，这里指鲁国其时外部政治环境友好。

⑩ 保乂：乂（yì），治理。保护治理（使……安定）。

⑪ 城小谷：鲁庄公三十二年（公元前662）春，鲁公征调国人去齐国的小谷（亦称谷）帮管仲修筑城池。

⑫ 嗣子卒毙于乱臣：嗣子，指继鲁庄公之位的闵公。公元前660年，闵公被权臣共仲（庆父）派人杀害。

国几亡！呜呼！使天假之年①，吾恐庄公之忧不在其子孙，而在其身矣。

史料链接：

　　1.《春秋·庄公三十一年》：三十有一年春，筑台于郎。夏四月……筑台于薛……秋，筑台于秦。冬，不雨。

　　2.《春秋·庄公二十八年》：冬，筑郿。大无麦禾，臧孙辰告籴于齐。

　　3.《春秋·闵公二年》：秋八月辛丑，共仲使卜齮贼公于武闱。

---

　　①　使天假之年：使，假如。假，借。意为：假使上天让鲁庄公多活几年。

齐侯、卫侯、郑伯来战于郎◎齐人、卫人、郑人盟于恶曹①

题解：公元前702年，郑庄公因为琐事联合齐僖公、卫宣公率军攻打鲁国。《春秋》记其事用"来战"，表明鲁国于此事有理；又书"齐侯""卫侯""郑伯"，记三国国君的爵位，实是对三位诸侯进行贬责。次年，齐僖公、卫宣公、郑庄公又在恶曹结盟。《春秋》在记结盟之事时，不称爵而用"齐人""卫人""郑人"来称呼三位诸侯，贬斥之意十分明显。刘基分析春秋笔法，解读《春秋》所含微隐之义：春秋时期，各诸侯普遍不守君臣之道、兄弟之义，为私利而互相攻伐，忌彼此无信而滥结盟誓；却又因无信、势利使盟誓沦为空言。故而圣人推崇的以仁义治天下之道不兴，而诸侯以武力服诸侯的霸主统治渐盛。

诸侯连兵以构怨，又结言以固党，《春秋》所以直书于前而贬之于后也。夫征伐、会盟，已非诸侯之所得为②，而况以不道行之者乎。郑憾鲁之后己③而挟④齐、卫之君为郎之战，是谓连兵以构怨，非义甚矣。既战而为恶曹之盟，又结言以固党，夫何义乎。《春秋》存其爵于战，所以见

---

① "齐侯、卫侯、郑伯来战于郎"出自《春秋·桓公十年》；"齐人、卫人、郑人盟于恶曹"出自《春秋·桓公十一年》。齐侯，指齐僖公；卫侯，指卫宣公；郑伯，指郑庄公。来战，因是鲁国史官所记，故为"来"。郎，地名，在鲁国都曲阜附近。恶曹，杜预曰此地无考。沈钦韩以为"恶曹"为"乌巢"之误。

② 《论语·季氏》载："孔子曰：'天下有道，则礼乐征伐自天子出；天下无道，则礼乐征伐自诸侯出。'"这是孔子对理想社会秩序的构拟，后世的经学家莫不从其说，以为征伐、会盟等大事只有周天子才有权力践行，诸侯并无权力。若诸侯践行了此类事情，就代表着天下失道。

③ 后己：使自己排在后面。

④ 挟：依仗。

其实；贬其爵于盟，所以正其罪。圣人之笔削严矣哉。呜呼！九伐之法①，职在司马，王者所以讨不庭②；盟载之法，掌于司盟③，圣人所以待衰世④。有天子在，夫岂诸侯所得而私用哉。彼齐者，太师之胤；⑤卫者，康叔之后；⑥而郑者，宣王之懿亲也。⑦我周东迁，子孙日失其序，惟是一二伯父叔舅所当戮力，以为藩屏⑧，"岂如弁髦，而因以敝之？"⑨今也不念先王先公而私相树党，以侵败王略⑩，使宗周之卑⑪，日益滋甚，其何罪大焉？呜呼！此《春秋》之所必诛而不以听⑫也。

　　且郎之战何为耶？鲁桓，天下之大恶，人人所得而讨也。彼郑伯既首盟于越，以定其位；⑬齐侯则继会于稷，以济其奸；⑭卫亦坐视而不问

---

　　① 九伐之法：《周礼》中规定的九种诸侯须被讨伐、受罚的情形，分别是：冯弱犯寡，则眚之；贼贤害民，则伐之；暴内陵外，则坛之；野荒民散，则削之；负固不服，则侵之；贼杀其亲，则正之；放弑其君，则残之；犯令陵政，则杜之；外内乱，鸟兽行，则灭之。九伐之法由周天子之官大司马来判罚。

　　② 不庭：不朝于王庭者，即对中央邦国或中央王朝叛逆者。

　　③ 司盟：官名。《周礼》秋官之属，掌盟约之辞及其礼仪。参阅《周礼·秋官·司盟》。

　　④ 圣人把这些事情记载下来并且予以褒贬，就是等待无道衰世的到来，好把治世的秩序告诉世人。

　　⑤ 太师之胤：太师，指辅佐周武王伐纣的姜尚，齐国始封君。胤，后代，子孙。

　　⑥ 康叔之后：卫国的始封君是卫康叔，名封，周文王之子，与周武王同一生母。

　　⑦ 宣王之懿亲：郑国的始封君是郑桓公，名友，是西周厉王少子，周宣王异母弟。懿亲，至亲。

　　⑧ 藩屏：屏障、保障。

　　⑨ 语出《左传·昭公九年》。弁髦：前人作注者多数以为"弁髦"为缁布冠。古代男子行冠礼，先用缁布冠，次加皮弁，次加爵弁。三加之后，弃缁布冠。故"弁髦"可指代终将被抛弃的物品。敝，抛弃。此句为反问句式，意为：难道对待兄弟之国，能像对待无用的弁髦一样，说抛弃就抛弃吗？

　　⑩ 侵败王略：侵败，侵略败坏。王略，王道、帝业。

　　⑪ 宗周之卑：宗周，周室。卑，衰弱。

　　⑫ 听：任凭、听之任之。

　　⑬ 鲁桓公元年（公元前711），郑庄公与刚刚弑君篡位的鲁桓公在越地结盟，以表友好。此次盟会表示郑国承认了鲁桓公君位的合法性。因郑国是鲁桓公即位以来第一个与鲁国结盟的国家，故称"首"。

　　⑭ 鲁桓公二年，宋国宋督弑君，欲立长年居住在郑国的宋公子冯为君。本来郑庄公就希望公子冯当宋国国君，此次宋国内乱正中他的下怀，郑国自然希望内乱后宋国之现状能够得到承认。其后，稷之会，宋督大肆贿赂各与会诸侯，鲁、齐、陈三国便都认可了宋国的既成事实，没有追究。济，成就。其，指的是郑国。

也，则皆与之为徒矣。今乃"以周班后郑"①之故，合三国之君，亲将戎卒，压周公之封境，以快心于一战，尚为知类也夫?②是故《春秋》列序三国之爵，而曰"来战于郎"，若曰③"三国之志为此战"也，则其动众无名、残民不道之罪可见矣。郑伯主兵而先齐者，所以治恶党，犹卫州吁主兵而先宋也④。恶曹之盟，又何为耶?方其来战也，既曰同心以从事于兵革矣，复何嫌隙而结盟哉?盖其合也不以义，则其中不无疑矣。于是刑牲歃血，质之以鬼神，矢之以约誓，⑤将以固其党与，而求其所大欲。而不知信之不由中⑥，盟何益哉!徒足以长乱耳。《春秋》于此贬其爵而称人，贱之也。若曰"无道之君，不足以当王爵"也，则其慢鬼神、犯刑政之罪可见矣。是故始不书爵，则不知其为三国之君;后不书人，则不足以瘅⑦三国之恶。故前书爵而以"来战"著罪，后书其盟而以夺爵示贬。属词比事之教，不亦深切著明矣哉。

厥后不出三年，郑伯果合纪、鲁而战齐、卫。⑧明年，齐、卫又听宋人之言而伐郑。⑨誓言果足恃乎?卒之连兵结党，惟利之从。今日取赂而

---

① 以周班后郑：其时，北戎侵扰齐国，诸侯救齐。郑国公子姬忽立大功。齐国给诸来援国送肉、米作谢，把郑国排在鲁国前面先送。鲁认为按周室封爵高低，郑君为伯爵，而鲁君为公爵，应当鲁先于郑。郑庄公怒，纠合齐、卫之师伐鲁。此篇题"齐侯、卫侯、郑伯来战于郎"之事由。

② 尚为知类也夫：知类，明白事理。(这样做)还算是明白事理吗?

③ 若曰：就像是说。

④ 鲁隐公四年（公元前719），卫国州吁篡其兄之位即位为君后，教唆宋国一起攻打郑国。宋国听信州吁之言，与卫、陈、蔡伐郑。此次伐郑，由卫国主谋且出主力军而由宋殇公统率，《春秋》记其事曰："宋公、陈侯、蔡人、卫人伐郑。"卫国明显是此次伐郑的策划者，但《春秋》仍将卫国排在最后，而让"宋公"列首。前人学者认为，《春秋》如此排列卫和宋的次序有其深意，目的是彰显宋公党同乱臣贼子的罪恶。刘基认为，今次郑庄公以"周班后郑"为由攻击鲁国，《春秋》记事亦将伏同之齐僖公、卫宣公置于主谋者郑庄公之前，意图跟鲁隐公四年一样，就是为彰显伏同者助恶之罪。

⑤ 质之以鬼神，矢之以约誓：在鬼神面前对质，验证诚心;以盟约起誓，永不违背。

⑥ 中：同"衷"，内心。

⑦ 瘅（dàn）：憎恨。

⑧ 鲁桓公十三年（公元前699），郑国不堪宋国无休止的索贿，联合纪国、鲁国，与宋国及其盟国齐、卫、燕开战。郑、齐、卫三国于鲁桓公十一年在恶曹所立之盟约荡然无存。

⑨ 鲁桓公十四年（公元前698），宋庄公带领齐、卫、陈、蔡四国军队伐郑，报鲁桓公十二年（公元前700）郑、鲁伐宋之私仇。

纳突①，明日纳朔而归俘②，使兄弟之伦、君臣之义委诸草莽而不存也，然后王纲澌尽③，而天下变为伯④矣。吁！《春秋》深贬恶曹之盟，其有以也夫。

史料链接：

1．《春秋·桓公十年》：冬十有二月丙午，齐侯、卫侯、郑伯来战于郎。（杨伯峻：《春秋左传注》，第一册，第127页。）

《春秋左传·桓公十年》：冬，齐、卫、郑来战于郎，我有辞也。初，北戎病齐，诸侯救之。郑公子忽有功焉。齐人饩诸侯，使鲁次之。鲁以周班后郑。郑人怒，请师于齐。齐人以卫师助之。故不称侵伐。先书齐、卫，王爵也。（杨伯峻：《春秋左传注》，第一册，第128页。）

2．《春秋·桓公十一年》：春正月，齐人、卫人、郑人盟于恶曹。（杨伯峻：《春秋左传注》，第一册，第129页。）

---

① 取略而纳突：纳，使进入。突，郑厉公之名。一般来说，《春秋》或《左传》说的"纳某"都有拥立某为君之意。郑厉公母为宋国大夫雍氏之女。郑厉公之父郑庄公死后，郑国卿祭仲本欲立公子姬忽（后来的郑昭公）为君，宋国诱捕祭仲，威胁祭仲拥立郑厉公为君，并向宋国索要财物。

② 明日纳朔而归俘：朔，卫惠公之名。俘，古经学家将之释为"宝器"，即宝物。此言卫惠公在齐国的帮助下复辟之事。卫惠公本非卫国太子，卫国太子急子被卫惠公用阴谋手段害死，故卫惠公才登卫国君位。但因卫惠公得位不正，故卫国以左、右公子为代表的一批大臣对卫惠公不满。鲁桓公十六年（公元前696），卫国左、右公子发动政变，另立他君。卫惠公出奔舅家齐国。鲁庄公六年（公元前688），卫惠公在齐国的帮助下，得复回卫国为君。

③ 澌（sī）尽：澌，解冻后随水流动的冰块。澌尽，可解释为瓦解。

④ 天下变为伯：即周天子统治的天下变成霸主主导的天下。

季孙宿会晋士匄、宋华阅、卫孙林父 云云于戚◎晋人执卫行人石买①

题解：公元前557年，卫国孙林父与其子孙蒯逐卫献公姬衎，立姬剽为君。该年冬，晋国等六国大夫与卫国孙林父在戚地会晤。戚之会意味着以晋为首的诸侯国不追究卫臣孙林父的逐君之罪，并正式承认卫国新君姬剽的合法性。公元前555年，晋国捉拿了卫国使者石买，责问其去年带兵伐曹之罪。然而相较于卫臣孙林父逐君之罪，石买带兵伐曹之罪实在微不足道；甚至就伐曹一事来看，其主谋者也当是孙蒯而不是奉命行事的石买，且晋国问罪石买也没有以伐曹之罪光明正大地捉拿他，而是在石买行使使者之职时顺便问责其罪。所以二事并观，则知晋国虽身为霸主国，但行事却不分轻重缓急，弃大义顾小利，故其最后不但霸业难继，就连国家也被赵、魏、韩三家权臣瓜分而取代。

党②大恶而治小罪，此晋伯不竞③之所由也。夫伯主之所以能宗④诸侯

---

① "季孙宿会晋士匄、宋华阅、卫孙林父云云于戚"出自《春秋·襄公十四年》，原文为"季孙宿会晋士匄、宋华阅、卫孙林父、郑公孙虿、莒人、邾人于戚"。"晋人执卫行人石买"出自《春秋·襄公十八年》。华阅，宋国六卿之首。孙林父为卫国世卿，谥文子。戚为孙林父采邑，在河南濮阳县稍东而北十余里。戚之会，各国大夫会聚，欲承认卫国内乱之后所立之新君。行人，使者。石买，即石稷子，卫国大夫。言石买被抓时正出使晋国。

② 党：偏袒、党私。

③ 不竞：不振、不强。

④ 宗：为……之宗。周代实行宗法制，天子与诸侯、大诸侯国与小诸侯国之间存在宗法的枝干血缘关系，后来由于各大国争霸活动的持续发展，血缘的宗法关系逐渐演变为纯粹的政治附庸关系，即大国与小国之间的隶属、附庸关系。

者，以其能明天下之大义也。今卫孙林父逐君而立不正①，大恶也，晋人乃合诸大夫于戚，以列其罪人于会矣。至于石买之伐曹②，较之林父，非小罪乎？晋则因其来使而执之，无乃不能三年而缌、小功之察也乎？观《春秋》书"于戚"之会于前，而书"执卫行人石买"于后，则晋之所以为伯主者可知矣。昔者桓王不讨宋、鲁而伐郑，以致缯葛之败③，王纲始大不振，而《春秋》讥其不天④，为其不知轻重之伦也。今有以臣逐君，以弟篡兄，则相与为谋，以成其乱，而欲以威力禁与国之争，吾知其无益矣。故曰"放饭流歠而问无齿决，是之谓不知务"，其斯之谓与？

是故孙林父，卫之强臣也，昔也不能事君而出奔晋⑤，又介于⑥大国以归其国，非定公之所欲也。其于先君且然矣，于嗣君乎何有？⑦ 丘宫之盟，杀三公子，尹佗之追，直欲以一矢加之。⑧ 君臣不帅职⑨而增淫发

---

① 公元前557年，卫国卿孙林父与其子孙蒯逐卫献公姬衎（kàn），立卫穆公之孙姬剽为君。

② 《春秋经·襄公十七年》载："夏，卫石买帅师伐曹。"《左传·襄公十七年》载："夏，卫石买、孙蒯伐曹，取重丘。"起先，孙蒯到曹国去打猎，在重丘让马饮水，打坏了水瓶。重丘人于是关门骂孙蒯。孙蒯怀恨，回国后派石买伐曹，攻取重丘。伐曹本是孙蒯的主张，但因石买是主帅，故《春秋》只记石买，《左传》则补充记之。

③ 缯葛之战：鲁桓公五年（公元前707），周王将政事交予虢公忌父，不再用郑庄公参与周政，郑庄公由是不朝周王。周桓王亲自率诸侯讨伐郑庄公；郑庄公亦兴师抗伐。双方战于缯葛，周王之师大败，连周桓王也肩部中箭。其时，鲁国发生了鲁桓公弑鲁隐公之事，宋国发生了华父督（宋督）弑宋殇公之事。弑君之罪乃大恶，周桓王伐郑不朝周而不讨伐宋、鲁，故刘基称之"不知轻重之伦"。

④ 不天：不记事情发生的日期。《春秋·桓公五年》："秋，蔡人、卫人、陈人从王伐郑。"未记具体事发日期。

⑤ 鲁成公七年（公元前584），孙林父被卫定公所讨厌，出奔晋国。至鲁成公十四年（公元前577），在晋侯的强力干预下，卫定公被迫允许孙林父回卫国。

⑥ 介于：借助于。《左传·文公六年》："介人之宠，非勇也。"

⑦ 先君，指卫定公。嗣君，指卫献公。卫献公为卫定公之子。何有，反问语气语，意为又有什么（可在乎）的呢？

⑧ 此为公元前557年孙林父叛卫献公时事。"丘宫之盟，杀三公子"，是孙林父从戚地进攻卫都帝丘时，卫献公迫于孙林父的军事压力，被迫派子蛴、子伯、子皮与孙林父盟誓于丘宫，而孙林父将三人杀害。丘宫当为卫都帝丘之一地名。卫献公败于孙林父逃奔齐国时，孙林父派尹公佗与庚公差追击，为卫献公驾车的公孙丁是庚公差的师父，庚公差碍于师徒情面只象征性地射了两箭就打算回去，而尹公佗则因无此情分而欲继续追击卫献公。

⑨ 帅职：遵守职责。

泄①，罪孰大焉。晋悼②惑师旷之邪言及中行偃之妄议，③ 不能共行天罚，而反为之合七大夫④于戚，以定其所立之人，其何以为训乎。遂使乱臣贼子，得有所恃，以纵其恶，而无所忌惮也，不亦甚哉。若夫石买之伐曹，非无罪也。然而毁瓶之怒，起于孙蒯。当是时也，卫侯在外未入，而僭窃之剽，犹立于位也。使晋平因曹人之愬⑤，治其旧恶，告于诸侯，复衍废剽，执孙林父而戮之，不亦善乎。今也舍此弗问，而执石买，徒以伐曹之故，伯讨⑥宜不如是矣。《春秋》先书"于戚"之会，既出"林父"之名，而继于"卫侯出奔"之后，后书晋执石买，而贬称"人"，且曰"执卫行人"，则晋人党大恶而治小罪之失可见矣。呜呼！买可讨也，置林父而讨买，则不可也。于是乎可以知《春秋》之权衡矣。故以悼公之贤，而伯止于萧鱼⑦，至平公而遂有溴梁大夫之纵⑧，则皆党孙氏之效也。诸

---

①　增淫发泄：越发放纵，胡作非为。

②　晋悼，晋悼公，晋襄公之孙，晋厉公之侄，晋国霸业的中兴之主，于公元前573年至前558年在位。

③　师旷，晋国当时有名的音乐师，又满腹经纶，博学多才，能言善辩，故而深受晋悼公及晋平公待见。荀偃，姬姓，中行氏，名偃，字伯游，因中行氏出自荀氏，故又多称荀偃，谥号"献"，史称中行献子。卫国大臣孙林父驱逐其君卫献公，并另立新君（卫殇公），各诸侯国都在关注事情的发展，以便决定对此事的立场，而各诸侯主要又是看晋侯的态度。在戚之会之前，晋悼公先后向师旷及荀偃征询意见。师旷认为，卫献公本无道，无道之君被其臣民驱逐是合理的结果。荀偃亦认为卫国之势已成定局，新的卫殇公已然即位，晋国要是伐卫的话，也不能保证胜利，建议承认卫国的现状。晋悼公本意是要伐卫国弑其君，但听了师旷和荀偃之言后，就打消了原来的想法，派士大夫匄于戚地与卫国孙林父会晤，算是承认了孙林父所立卫殇公的合法地位。因为晋侯身为霸主，本该讨逐君之贼，在征询师旷和荀偃意见后放弃征讨，故刘基言悼公"惑于荀偃、师旷"。

④　七大夫：指鲁季孙宿、晋士匄、宋华阅、卫孙林父、郑公孙虿、莒人、邾人七国大夫。

⑤　因曹人之愬：因，顺着、借着。愬，同"诉"，告状。趁着曹国状告卫国（的机会）。

⑥　伯讨：霸主的讨伐。

⑦　萧鱼：地名。公元前562年，晋悼公与十三国诸侯、大夫在萧鱼会晤，郑国再次向晋国称服，是晋国霸权重振、晋悼复霸的标志性事件。

⑧　公元前557年，晋侯、鲁公、宋公、卫侯、郑伯、曹伯、莒子、邾子、薛伯、杞伯、小邾子会于溴梁。溴梁之会是晋平公即位以来第一次和各诸侯的会晤，齐侯就缺席，仅派大夫高厚参加，故《春秋》不记齐国。盟会期间，晋平公与诸侯设宴于温。晋平公请诸国大夫于宴会中乐舞，并要求"歌诗必类"，齐大夫高厚乐舞之歌诗不类。晋大夫荀偃对高厚不满，认为"诸侯有异志"，要求誓盟表心志。高厚不敢盟，半路逃归。故"大夫之纵"，指的是齐国大夫高厚在溴梁之会的无礼行为。

侯之贰，岂必假羽旄之事哉？① 向使晋人以会戚之大夫而讨逐君之罪，以执石买之怒移于孙氏，则晋之伯业未可量也。而不能焉，惜哉！他日栾盈入于曲沃，而赵鞅入于晋阳②，荀寅、士吉射入于朝歌，③ 大夫相继而起，其患不减于林父；三家竞爽而靖公废为家人，④ 其祸不止于卫侯。故曰"出乎尔者，反乎尔者"也，又曰"始作俑者，其无后乎"，推原其由，则于戚之会可胜憾哉！

史料链接：

1. 《春秋·襄公十四年》：冬，季孙宿会晋士匄、宋华阅、卫孙林父、郑公孙虿、莒人、邾人于戚。（杨伯峻：《春秋左传注》，第三册，第1005页。）《左传》注曰：冬，会于戚，谋定卫也。（杨伯峻：《春秋左传注》，第三册，第1019页。）

2. 《春秋·襄公十八年》：夏，晋人执卫行人石买。（杨伯峻：《春秋左传注》，第三册，第1034页。）《左传》注曰：夏，晋人执卫行人石买于长子，执孙蒯于纯留，为曹故也。（杨伯峻：《春秋左传注》，第三册，第1035页。）

3. 《春秋左传·襄公十四年》：卫献公戒孙文子、宁惠子食，皆服而朝。日旰不召，而射鸿于囿。二子从之，不释皮冠而与之言。二子怒。孙文子如戚，孙蒯入使。公饮之酒，使大师歌《巧言》之卒章。大师辞，师曹请为之。初，公有嬖妾，使师曹诲之琴，师曹鞭之。公怒，鞭师曹三百。故师曹欲歌之，以怒孙子，以报公。公使歌之，遂诵之。蒯惧，告文子。文子曰："君忌我矣，弗先。必死。"

并帑于戚而入，见蘧伯玉曰："君之暴虐，子所知也。大惧社稷之倾

---

① 《左传·襄公十四年》载："范宣子假羽毛于齐而弗归，齐人始贰。"范宣子为晋国大夫。羽、毛均为乐舞用的器具。刘基之意是齐国叛晋国并不只是因为晋国借羽、毛不还，更多是因为晋侯不治孙林父逐君之罪。

② 《春秋·定公十三年》载："秋，晋赵鞅入于晋阳以叛。"赵鞅为晋国六大世卿赵氏的大宗主，晋阳为赵鞅的封邑。其时，由于赵氏家族内部矛盾及六卿火拼，赵鞅处下风，不得已逃至封邑内据以作乱。

③ 在与赵氏的火并中，由于知氏的叛变，中行氏、士氏被迫逃奔朝歌。事见《左传·定公十四年》。

④ 靖公为晋静公，晋国最后一位君主。靖公二年（公元前376），赵、魏、韩三家废静公为庶人，三分晋国土地。

覆，将若之何？"对曰："君制其国，臣敢奸之？虽奸之，庸如愈乎？"遂行，从近关出。

公使子蟜、子伯、子皮与孙子盟于丘宫，孙子皆杀之。四月己未，子展奔齐。公如鄄，使子行请于孙子，孙子又杀之。公出奔齐，孙氏追之，败公徒于河泽。鄄人执之。

初，尹公佗学射于庚公差，庚公差学射于公孙丁。二子追公，公孙丁御公。子鱼曰："射为背师，不射为戮，射为礼乎。"射两靷而还。尹公佗曰："子为师，我则远矣。"乃反之。公孙丁授公辔而射之，贯臂。（杨伯峻：《春秋左传注》，第三册，第1010—1013页。）

……

卫人立公孙剽，孙林父、宁殖相之，以听命于诸侯。（杨伯峻：《春秋左传注》，第三册，第1015页。）

4.《春秋左传·襄公十七年》：卫孙蒯田于曹隧，饮马于重丘，毁其瓶。重丘人闭门而訽之，曰："亲逐而君，尔父为厉。是之不忧，而何以田为？"夏，卫石买、孙蒯伐曹，取重丘。曹人愬于晋。（杨伯峻：《春秋左传注》，第三册，第1030页。）

吉禘于庄公◎作僖公主①

题解：鲁闵公二年（公元前660），为鲁庄公举行吉禘礼。吉禘是吉礼，穿吉服。然而鲁庄公去世至此时才过二十三个月，三年丧服期未满，是不能穿吉服行吉礼的，所以鲁闵公此举是行礼过急。鲁文公二年（公元前625），为过世的鲁僖公制作牌位。按照古代丧葬礼的流程，此时大约应是举行练祭的时候。然而练祭当在死者去世后满一年时举行，僖公去世至此时已有十五个月之久，故知鲁文公为僖公制作练祭牌位是延迟了。无故延迟祭礼的时间，这也是礼法所不允许的。周礼乃周公所定制，鲁国则为周公的直系后裔。由此二事可知，周公之礼，连周公的后裔都不能谨守，可知春秋其时，周代的宗制礼法衰败到何种程度了。

礼失于亟②，而复失于缓，《春秋》所以病③望国也。

夫丧祭之礼，各有其时，缓与亟之失，均④也。何谓亟？庄公丧制，未终三年，⑤而闵公遂行吉禘之祭，无乃太早乎？何谓缓？僖公即世十有

---

① "吉禘于庄公"出自《春秋·闵公二年》；"作僖公主"出自《春秋·文公二年》。吉禘（dì），古时三年之丧礼毕后将死者牌位放置祖庙中，然后再排列所有先祖牌位时举行的祭礼。主，牌位。

② 亟：急，与缓相对。

③ 病：批评。

④ 均：相同、一样。礼节行得过早或是太迟，都一样是种过失。

⑤ 未终三年：三年，古时服丧的期限，是古代期限最长的一种，主要由子女为父母服，臣子为君王服，妻为夫服。但在实际服丧过程中，往往不用三年而毕，主要有"二十五月"说和"二十七月"说。"二十五月"见于《礼记·三年问》《荀子·礼论》，"二十七月"说则是由戴德、郑玄等提出。鲁庄公死于庄公三十二年八月，到闵公二年五月才二十三个月，未足"二十五月"或是"二十七月"，故按周礼尚不能行吉禘之祭。

五月，而文公始作练祭之主，则又太慢矣。① 先王制礼，以节人情，亟与缓，同为不敬。鲁为秉礼之国而若是焉，可叹也夫。

古者三年之丧毕，致新死之主于庙，庙之远主②，当迁入祧③。于是大祭于太庙，以审定昭穆④之序，其礼有常期⑤也。诸侯既葬则反虞⑥，虞主用桑；期年而练祭⑦，练主用栗，故特祀之于寝，而不同于宗庙，以昭其孝思之诚，其日有定数也。今闵公既失之于亟，而文公又失之于缓，一缓一亟，皆以己意行之，先王之制紊矣。圣人爱礼甚矣，宁不为周公之鲁惜哉？

自今观之，吉禘于庄公，在闵公二年之五月，庄公之薨，至是二十三月⑧，则三年之丧未毕矣。丧未毕也，而可以行吉禘之礼乎。禘非鲁所当用，⑨姑置未论。今先君方祀于寝，而非宫庙，遂用盛乐而行吉礼，三

---

① 鲁僖公死于僖公三十三年冬十二月，至闵公二年二月"作僖公主"正好跨过十五月。明代宋濂《先夫人木像记》："古者既葬而反虞，虞主用桑；期年而练祭，练主用栗。"则是周时死者逝后满一年，举行练祭，用栗木制牌位。鲁文公为僖公作牌位在僖公死后的第十五个月，迟了三个月，故而言其"太慢"。

② 远主：世系较远的先祖的牌位。

③ 祧（tiāo）：远祖庙。古时礼制规格，"诸侯五庙"，在祖庙中享受全年常规性供奉的只能是始祖、高祖、曾祖、祖、父五位。其中始祖是不迁之祖，即是任何时候都当供奉的；而当有新死之人要入祖庙供奉时，则一般把世系较远的高祖迁入远祖庙，以保证五庙之数和供奉之人是活着的人的最亲近的四世先祖。

④ 昭穆：古代宗庙或墓地的辈次排列，以始祖居中，东向。二世、四世、六世……位于始祖的左前方，称昭；三世、五世、七世……位于右前方，称穆。用来分别宗族内部的长幼、亲疏和远近。后来泛指家族的辈分。

⑤ 常期：固定的、经常性的时间或间隔。

⑥ 虞：祭礼名称，在死者下葬之后，于原来殡尸之室内举行。虞祭时亦有牌位，其牌位用桑木做成。

⑦ 期年而练祭：期年，一周年。死者丧后一周年所举行的祭祀叫练祭。练祭用的牌位用栗木制成，此牌位祭礼毕后藏于庙中供常年供奉使用。

⑧ 二十三月：此二十三月，指的是从庄公死之月到闵公作吉禘这段时间所跨的月份数，不必天数真的满二十三月。闵公二年（公元前 660）有闰月，故其数为二十三。

⑨ 禘非鲁所当用：《礼记·大传》云"礼，不王不禘"，刘基即以此为根据言"禘非鲁所当用"。但事实不是如此，鲁国很多礼仪祭典的规格都超出了诸侯的规制，如鲁国可用"八佾"舞等。鲁国礼制上的特权，当与鲁国始祖周公贤能且曾经摄政当国有关，应该是被周王允许的特例，故刘基下文亦云"姑置未论"。

年之忧①忘矣。为子而忘三年之忧，是不有其父也。是事也，一举而三失礼也。故《春秋》禘祭不书，因其亟，而书曰"吉禘"，见其用吉之早也。曰"于庄公"，明其于寝也，而闵公之失不可掩矣。作僖公主在文公二年之二月，则僖公之薨十有五月，已过乎期三月矣。过期而犹未作主，可乎？生事死祭，礼之大节。以先君练祭之主，而作不及时，以为微而忽之，慎终②之意蔑矣。事父而蔑慎终之意，不可以为子也。是事也，积恶之原也。《春秋》于他公作主不书，以其缓而书之，且谨志其日焉，而文公之失不可盖矣。送死，人道之大变，而不谨其礼，履霜坚冰之兆也，其可以为小失乎。嗟夫！禘者，天子之祭也，鲁僭天子以为常，不可胜书也；作主者，事亡之常礼也，不必书也：今皆见于《春秋》之经矣。为国以礼，而祭祀又礼之大者，而至于如此，此时之鲁，尚可为周公、伯禽③之鲁乎。又其甚者，禘太庙以致妾母，纵逆祀以乱昭穆，④鲁之礼不可言矣。周家之礼，周公所制。以周公之子孙，而坏周公之法度，吾于他国又何望焉。呜呼！周公其衰矣。

史料链接：

1.《春秋·庄公三十二年》：八月癸亥，公薨于路寝。（杨伯峻：《春秋左传注》，第一册，第250页。）

《春秋·闵公元年》：夏六月辛酉，葬我君庄公。

《春秋·闵公二年》：夏五月乙酉，吉禘于庄公。《春秋公羊传》注云：其言吉何？言吉者，未可以吉也。曷为未可以吉？未三年也。三年矣，曷为谓之未三年？三年之丧，实以二十五月。其言于庄公何？未可以称宫庙也。曷为未可以称宫庙？在三年之中矣。吉禘于庄公何以书？讥。何讥尔？讥始不三年也。

---

① 三年之忧：忧，居丧。古时礼制，父母亡后子女需居丧三年，且居丧期内行为必须检敛，不能做欢娱之事。

② 慎终：慎，谨慎；终，老死之人。慎终，（父母）死而能居丧守礼。《论语·学而》云："曾子曰：'慎终追远，民德归厚矣。'"孔安国曰："慎终者，丧尽其哀；追远者，祭尽其敬。"

③ 伯禽：周公长子，鲁国的始封君。

④ 鲁文公二年（公元前625），在排列昭穆顺序时，将僖公之位排在闵公之前。僖公和闵公为兄弟，但僖公乃继闵公而履君位，按当时礼制，享祀闵公当在僖公前，故《左传》言："大事于大庙，跻僖公，逆祀也。"

　　2. 《春秋·僖公三十三年》：十有二月，公至自齐。乙巳，公薨于小寝。

　　《春秋·文公元年》夏四月丁巳，葬我君僖公。

　　《春秋·文公二年》二年春王二月……丁丑，作僖公主。《春秋左传》注曰：丁丑，作僖公主。书，不时也。

曹公孙会自鄸出奔宋^①

题解：古礼，君王若认为大夫为罪，或是大夫三谏君王而君王不听，大夫就在国境内待放三年。三年之后，"君赐之环则还，赐之玦则往"。刘基认为，《春秋》书姬会"自鄸出奔宋"，是说明公孙会在封邑内谨守了三年待放之礼才出奔宋国的，其行为虽为"出奔"，但符合古礼。而在礼崩乐坏之际，姬会犹能秉守礼法，实属难得，故《春秋》记其事而褒奖之。

　　贤者^②之后，能不失其去国之礼，《春秋》所以著其美也。大圣人不以常事过褒于人臣，其有所褒者，必其有以取之矣。是故大夫去国，待放^③而后出奔，常礼也。曹公孙会能行之于春秋之世，则既贤于当时之人矣，而况又为子臧之后乎？《春秋》特因其出奔而书曰"曹公孙会自鄸出奔宋"。鄸者，其食邑也。自鄸而出奔者，待放也。曹大夫鲜有以名氏书。

---

① 篇题出自《春秋·昭公二十年》。公孙会，姬姓，名会，曹宣公之孙，故称"公孙"，曹国公之子子臧之子。鄸（méng），《春秋谷梁传》作"梦"，曹国地名，其地大概在今山东菏泽市西北方向，为公孙会的食邑。

② 贤者：这里指姬会之父子臧。子臧为曹宣公之庶子，名欣时（也即下文刘基所说的喜时），字子臧。公元前578年，曹宣公随晋国在外出征，去世。子臧送葬。公子负刍在国内杀太子，即位，是为曹成公。子臧安葬宣公，要流亡外国，曹国人都跟从。曹成公无奈认罪，留下子臧。后各诸侯讨伐曹成公，欲立子臧为君，子臧请辞，避走国外。子臧的行为体现了儒家所推崇的人格特征：孝、礼让、忠义，故道学家多称他为贤者。

③ 待放：待放是古代人处理君臣关系的一种方式或说是礼节，待放之人处于一种软性惩罚或隐退状态。《公羊传·宣公元年》："古者，大夫已去，三年待放。"因"刑不上大夫"，大夫以上若有罪，国君不好刑罚之，且又怕有冤案，所以国君往往将其流放。也有臣子自动"退而待放"的情况，如汉人王逸《楚辞章句》曾云："古者，人臣三谏不从，退而待放。"据《春秋谷梁传》范宁注，待放期限为三年，三年后，"君赐之环则还，赐之玦则往"。姬会因何而"待放"并出逃，史料阙无，无从确定。

其曰“公孙”，贤也，而又贤者之后也。一人而二美具焉，可不书乎？古者大夫有罪，待放于其境三年，君赐之环则复，赐之玦则去，是臣子之常礼也。时入春秋，君臣道丧久矣。故臣子能专其邑者，无不叛其国；能使其众者，无不要其君。以臧武仲之智，而据防以求后，况其他乎。[①] 今有人焉，语其世，则贤人之子孙也；观其所行，又有异乎当时之人，则君子又乌得而不录之哉？若曹之公孙会是已。

夫公孙会者，公子喜时之后也。喜时者何？所谓子臧是也。子臧者，曹宣公之庶子。宣公伐秦而卒于师，曹人使公子负刍[②]守，而使喜时逆曹伯之丧。负刍乃杀太子而自立。子臧将亡[③]，负刍惧而告罪，乃反致其邑焉。及晋侯之执负刍也，将见子臧于王而立之，子臧辞弗立，而奔宋。曹人所谓社稷之镇公子也。

今会之出亡也，虽不可知其故，然当衰乱之世，独能行古人之礼，故其去也，不即走于他邦，而居于鄸，则非有大罪也明矣。居鄸而君不赐之环矣，然后徐徐焉自鄸出奔宋，其进退之间，雍容不乱，隐然有子臧之遗风焉，可谓不坠其世德矣。观于子臧已如彼，而子臧之后又如此，子臧其不泯乎。《春秋》之义，善善也长，而恶恶也短。[④] 恶恶止其身，[⑤] 而善善及其子孙[⑥]，安得不特书以著其美也哉。故奔未有书“自”者，而书“自鄸”，则知其为待放也。曹无大夫，唯公子首以鞍之

① 臧武仲，姬姓，臧氏，名纥，谥武，臧宣叔之子，鲁国卿大夫，才智敏捷而有德行，故在当时有美名。鲁襄公二十三年（公元前550），因与孟孙氏有仇，被告发将作乱，遭季孙讨伐，出奔到邾。后来回到自己的采邑防邑，向鲁君要求，以立臧氏之后为卿大夫作为条件，自己离开防邑。《论语·宪问》记载了孔子对臧武仲此次行为的评价：“臧武仲以防求为后于鲁，虽曰不要君，吾不信也。”在孔子看来臧武仲的行为是以自己的封地为据点，要挟君主，实质是以下犯上的叛乱行为。大抵刘基此段议论多来自宋人高闶《高氏春秋集注》。

② 负刍：即曹成公，乃曹宣公之子，子臧的兄弟，杀太子而自立为曹君。

③ 亡：出走。

④ 善善也长，而恶恶也短：前一个“善”为动词，赞赏之义；后一个“善”为名词，意为美好的人。前一个“恶”为动词，憎恶、批评之义；后一个“恶”为名词，意为为恶之人。长和短均指空间上的宽窄。全句意为：赞美善良的人要涉及更宽泛的面，憎恶为恶的人涉及的面窄。

⑤ 恶恶止于身：和上面的“恶恶也短”对应，即憎恶为恶的人只能限于其本人，不能迁怒他人。

⑥ 善善及其子孙：和上面的“善善也长”对应，即赞美美好的人要延及他的后代。

战，特书以示贬，① 此则特书公孙，则知其与之②也，不书其入于鄸，则非叛也。自鄸出奔，而不以鄸系之曹，则与宋华亥、向宁、华定自宋南里出奔楚者不同也。③ 由此观之，圣人之情见矣。抑尝论之，国之衰也，未尝不由亲小人而远贤臣也。是故维鹈在梁，刺于诗人；乘轩三百，数于伯主，④ 其来久矣。故子臧，贤公子也，致⑤邑与卿而不出；公孙会，好礼者也，去国而入于宋。然后白雁来而公孙疆出矣，且不得以亡国之善词书于经。⑥ 呜呼！悲夫！观《鲁论》记太师以下逾河蹈海而知鲁，观《春秋》书子哀来奔而知宋。吾于公孙会之去也，而又有以知曹矣。

史料链接：

1.《春秋·昭公二十年》：夏，曹公孙会自鄸出奔宋。《春秋公羊传》注曰：奔未有言自者，此其言自何？畔也。畔则曷为不言其畔？为公子喜

---

① 曹，没落之小国，没有周天子诰命册封的大夫。《春秋》惯例是不书官爵低微者的姓名，记曹国臣子姓名者在整部《春秋》中只有两次，一次是在鲁成公二年"季孙行父、臧孙许、叔孙侨如、公孙婴齐帅师会晋郤克、卫孙良夫、曹公子首及齐侯战于鞌"，一次即"曹公孙会自鄸出奔齐"。

② 与之：与，赞成、认同。之，代词，指姬会。

③ 华亥、向宁、华定皆宋国臣子，公元前522年因宋元公"无信多私"而叛，失败后逃奔陈国。次年，又从陈国潜回宋国，据南里再作乱，《春秋》记此事曰："宋华亥、向宁、华定自陈入宋南里以叛。"对三人的行为持明显的贬责态度。

④ 此句引用《诗经》典故。《诗经·曹风·侯人》云："彼侯人兮，何戈与祋。彼其之子，三百赤芾。维鹈在梁，不濡其翼。彼其之子，不称其服。维鹈在梁，不濡其咮。彼其之子，不遂其媾。"历代说《诗》者都将此诗与《左传·僖公二十八年》"（晋侯）入曹，数之以其不用僖负羁，而乘轩者三百人也"结合起来，将诗解读成讽刺曹共公近小人远君子。维鹈，一种水鸟。梁，一种木制带杆的捕鱼工具。"维鹈在梁，不濡其翼"，郑玄说水鸟在梁应当舔其羽毛，不舔则是反常，将之理解成影射曹国众多小人在朝的不正常现象。"维鹈"后来则用来比喻小人在朝或在位者才德不称。"刺于诗人"即被诗人讽刺之意。"乘轩三百"指小人众多，与《侯人》"三百赤芾"对应。数，数其罪行之意。伯主，指带兵讨代曹国的晋文公。

⑤ 致：将某物主动献出之意。

⑥ 此句言曹国亡国之事。曹伯阳即位之后，好田猎。有个叫公孙疆的人，善于射猎，将猎到的白雁进献给曹伯阳，并讲授田猎的技巧，大获曹伯的喜爱。曹伯重用公孙疆，任命他担任司城，参与政事。公孙疆向曹伯进言霸王之道，曹伯听信其言，背叛晋国并进犯宋国。公元前488年，宋国报复曹国，围曹都城，晋国不救，次年，宋国灭曹。《春秋》记曹被灭国云："宋公入曹，以曹伯阳归。"并没有直接记成"曹灭"，宋苏辙《苏氏春秋集解》云"不书灭，言自灭也"，将《春秋》的写法理解成是为了凸显曹国的灭亡是曹君好田猎及近小人的结果，属自取灭亡，故下文刘基也说"不得以亡国之善词书于经"。

时之后讳也，《春秋》为贤者讳。何贤乎公子喜时？让国也。其让国奈何？曹伯庐卒于师，则未知公子喜时从与，公子负刍从与，或为主于国，或为主于师。公子喜时见公子负刍之当主也，逡巡而退。贤公子喜时，则曷为为会讳？君子之善善也长，恶恶也短，恶恶止其身，善善及子孙，贤者子孙，故君子为之讳也。

2. 范宁《春秋穀梁传》注云：礼，三谏不听，则去。待放于竟，三年，君赐之环则还，赐之玦则往。必三年者，古疑狱，三年而后断，《易》曰"系用徽纆，寘于丛棘，三岁不得，凶"是也。自嫌有罪当诛，故三年不敢去。

秦伐晋◎狄侵宋◎楚子、蔡侯次于厥貉①

　　题解：公元前617年夏，秦军讨伐晋国。冬，狄人进犯宋国；楚王、蔡侯、陈侯、郑伯则陈兵厥貉，欲攻打宋国。受四国兵力威胁的宋国自觉无力抗衡，遂屈从楚国。刘基认为，《春秋》将此年发生的三事并列记叙，并书"秦伐晋"而不书"秦伯伐晋"，实是欲表明因为秦国连年伐晋，致使身为霸国的晋国无暇他顾，未能尽力履行"尊王攘夷"之职，故而使得"蛮夷"之楚国有机会兴起强大。

　　强国并起而伯势分，《春秋》所以深为世道虑也。世至文公，中国衰而外夷强矣，是故秦有伐晋之师，而狄亦为侵宋之举。二强并起，遂使楚子得以乘间而挟蔡侯次于厥貉，以与晋争伯。《春秋》狄秦于前，而爵楚于后，然则成楚之强者，秦与狄也。② 观"伐晋""侵宋"而"次厥貉"，书于一年之间，诸侯之无伯，害哉！

---

　　① 篇题出自《春秋·文公十年》。次：军队在一个地方驻扎超过两个晚上称"次"。厥貉（jué mò）：地名，据杨伯峻言在今河南省项城县境。除楚王、蔡侯之外，"次于厥貉"者还有陈侯、郑伯。"次于厥貉"本图伐宋，宋国屈服，主动示好于楚。厥貉之次，意味着陈、郑、蔡、宋四国都站到了楚国一方。

　　② 狄秦：狄，这里作动词，把秦国当作无文明教化的夷狄之国之意。刘基等经学家的依据是《春秋》此处没有记秦的爵位，依惯例，当记成"秦伯伐晋"，此处则记成"秦伐晋"，故有的经学家认为这种变化寓有贬斥秦国的意思。当然亦有经学家结合《左传》"十年春，晋人伐秦，取少梁。夏，秦伯伐晋，取北征"的记载，认为这是一场普通的对攻战，秦国伐晋国没有什么特别的不正当性，所以不做微言大义的解释，如苏辙《苏氏春秋集解》就认为"秦伐晋"之"秦"乃"秦伯"之阙文。"成楚之强者，秦与狄也"，这种观点亦见于宋代学者胡安国，大意是秦国屡年伐晋，狄国持续侵扰中原，致使当时身为霸主的晋国无暇他顾，身为"蛮夷"的楚国才有机会强大。

尝考春秋之时，倚方汉之险①，以凭陵②诸夏者，楚也；据崤函之固③，以抗衡伯国者，秦也；恃豺狼之爪牙，以逞其贪婪者，狄也。桓文不作④，伯业不振，无岁不有秦、狄之师，无国不有荆楚之患。《春秋》不以秦、狄之患为忧，而以秦、狄党楚为忧者，何哉？盖当时天下之所倚赖者，一晋而已。今荆既盛于南，而秦又起于西，狄又跳踉⑤于北：三强竞爽，不弱一焉，⑥ 晋之世伯，不易守矣。是故秦人伐晋，而楚遂灭江；⑦ 秦、晋战于令狐，而狄遂侵我西鄙；⑧ 楚师至于狼渊，而狄又有侵齐之告。⑨ 何其不约而同耶！"南夷与北夷交，中国不绝如线"，⑩ 可不惧哉！况于晋君冲幼⑪，不在诸侯⑫。于是起范山⑬之邪谋，生蛮荆之祸心。

---

① 方汉之险：诸本皆作"方汉"，笔者检阅史籍，未见刘基之前有"方汉"的表述。楚国地处江汉平原，故疑"方汉"为"江汉"之误。宋人章如愚《群书考索》云："昔楚国之兴也，兼江、汉之险而有之，故以区区之国，而常与齐、秦争衡"，可参证。

② 凭陵：欺侮，侵犯。《左传·襄公二十五年》："今陈忘周之大德，蔑我大惠，弃我姻亲，介恃楚众，以凭陵我敝邑。"

③ 崤函之固：崤，崤山。函，函谷关。自古为兵家必争的险要关隘，是秦国的东边屏障。汉贾谊《过秦论》："秦孝公据崤函之固，拥雍州之地，君臣固守以窥周室，有席卷天下，包举宇内，囊括四海之意，并吞八荒之心。"

④ 桓文不作：桓文，齐桓公与晋文公的合称。作，振作。

⑤ 跳踉：亦作"跳梁"，《庄子·逍遥游》："东西跳梁，不辟高下。"原义为"跳跃"，引申为举止嚣张跋扈。

⑥ 三强竞爽，不弱一焉：竞，刚强、强劲。爽，明白。弱，丧失、丧亡。此句之意是说秦、楚、狄三方皆势力强劲、明白。《左传·昭公三年》："二惠竞爽，犹可；又弱一个焉，姜其危哉！"刘基"三强竞爽，不弱一焉"的表述化用此句。

⑦ 江，嬴姓国，故城当在今河南省息县东南。江被楚灭发生于鲁文公四年（公元前623）秋，而鲁文公三年（公元前624），秦国正好征伐过晋国。

⑧ 此句所述之事发生于鲁文公七年（公元前620），秦、晋战于令狐，其后狄兵便侵犯鲁国西鄙。令狐，位于今山西临猗。

⑨ 鲁文公九年（公元前618）三月，楚穆王陈师于狼渊将伐郑，晋、鲁、宋、卫诸国联军救郑，但是出师迟缓，没来得及救成，郑国由是屈从于楚。同年夏天，狄进犯齐国。狼渊，地名，在今河南许昌县以西。

⑩ 南夷与北夷交，中国不绝如线：语出《春秋公羊传·僖公四年》。交，交相为害之意。不绝如线，像一条没有断绝的细线一样，形容形势危急。

⑪ 冲幼：年幼。此时晋国的国君为晋灵公夷皋，即位于公元前620年，即位时尚在襁褓中。晋灵公时内外政事多由卿大夫赵盾执掌。

⑫ 不在诸侯：其心志不在称霸诸侯。《春秋左传·文公九年》："范山言于楚子曰：'晋君少，不在诸侯，北方可图。'"

⑬ 范山：楚国臣子，曾向楚王建议趁晋君年幼，北上称霸中原。《春秋左传·文公九年》："范山言于楚子曰：'晋君少，不在诸侯，北方可图。'"

救郑不及，楚人遂有以觇其不能；聘鲁而傲，① 楚人遂敢以试其倔强。而北方之图，坚不可破矣。彼秦者，晋之姻亲也。② 令狐之役，晋不谢秦，固不直矣；③ 而秦纳不正④，岂为无罪？康犹不悛⑤，不顾义理之是非，而惟以报复为事，兴兵伐晋，以取北征，当楚、狄交乱之际，而乘时肆暴，陵轹⑥诸侯之盟主，是以夏而为夷之行。《春秋》以狄待秦者，晋之失伯，秦为之也。由是狄患遂肆，而三恪之宋，首被其侵。虽曰潜师以为侵掠，⑦ 而豺狼之毒，寝⑧不可遏。是役也，非特为宋患也，将天下之患自此始矣。于是楚人知中国之多故，而乘势以兴。厥貉之次，以临宋也，临宋所以图北方也。而宋果以狄虽不能御，"遂道以田孟诸"⑨。夫以变夷覆载⑩不容之罪人，俨然入于中国，驱诸侯而奴役之，天下之变，有大于此者乎？故楚从此遂得书"子"，同于中国，以其强之成，自此始矣。《春秋》狄秦于前，而进楚于后，岂无意哉！观楚、秦相与灭庸，⑪ 相与

---

　　① 聘鲁而傲：鲁文公九年（公元前 618），楚国令尹子文之子子越去鲁国访问，手执礼物，神态傲慢。

　　② 晋献公时期，将自己的女儿伯姬嫁给秦穆公为夫人，从此开启了两国公室互相婚嫁的传统。后世所言"秦晋之好"即始自秦、晋两国政治联姻的习俗。

　　③ 谢，向……致歉。直，正当合理。鲁文公六年（公元前 621），晋襄公亡。考虑到晋国有秦、狄常年侵扰，南又有楚国强势崛起，晋国卿士、大夫多主张废黜年幼的太子夷皋而另择新君。当时，襄公庶弟公子雍在秦为质。晋卿赵盾遂命大夫先蔑、士会赴秦迎立公子雍。后因襄公夫人穆嬴的一再请求，赵盾等放弃改立晋君的想法，仍立夷皋为君，即晋灵公。晋国既另立晋灵公，考虑到秦康公肯定不乐意，恐遭兵伐，遂先下手潜师伏击护送公子雍的秦军。双方战于令狐，秦师不备，大败而归。令狐之战，晋国背信在先，故有错。

　　④ 不正：不正当的继承人。晋国有太子，虽年幼，亦不失其合法性；秦国无视晋国已有储君的事实，企图改立公子雍为晋国国君，亦有过错。

　　⑤ 康犹不悛：康，秦康公。悛，悔改。

　　⑥ 陵轹（lì）：欺压，欺蔑。《史记·孔子世家》："楚灵王兵强，陵轹中国。"

　　⑦ 《春秋·文公十年》："夏，秦伐晋……冬，狄侵宋。"宋朝学者崔子方《崔氏春秋集解》云："掠地曰侵，潜师入境曰侵。"故刘基言狄"潜师以为侵掠"。

　　⑧ 寝：逐渐。

　　⑨ 遂道以田孟诸：道，引导；孟诸，宋国地名。句意为：于是引导（楚王、郑伯等）往孟诸田猎。

　　⑩ 覆载：包容，接纳。

　　⑪ 庸：国名，曾追随周武王伐纣，治地当在今湖北省竹山县一带。庸国于鲁文公十六年（公元前 611）被楚、秦、巴三国共灭。

盟于蜀，① 而他日吕相绝秦②之言，亦谓穆公"即楚谋我"，则秦之党可知矣。自是以后，楚伐麇而狄侵齐，③ 楚围巢而秦战河曲④。新城之盟，仅仅收拾，而齐又叛。⑤ 晋人置不敢问，不欲更⑥生一敌以为东顾之忧也。而不知文襄之业，堂堂然⑦去矣。

呜呼！狄不足责也，楚亦污于荆蛮久矣。秦之先，死于王事，有功于周室者也，⑧ 穆公以于崤之败，⑨ 出悔过之誓言，圣人录之，使其由是而进于善，则其伯岂止西戎而已哉？奈何连兵数岁，不能成尺寸之功，而徒以成楚人之暴抗。呜呼！《春秋》狄秦而至于再，其有以也夫。

---

① "盟于蜀"在鲁成公二年（公元前589），事发于楚国兴师侵卫和侵鲁之后，与盟者有鲁成公、楚公子婴齐、蔡侯、许男、秦右大夫说共十四个国家的国君和大夫。楚国与各国盟于蜀，一是允许鲁国讲和，二是要通过此盟会提升影响力。蜀地在鲁国境内，秦国距蜀地路远，故张自超《春秋宗朱辨义》中说："十二国盟于蜀，秦大夫与焉。秦距蜀远，使约会而秦至，不应若此其速，是必秦大夫亦从楚师也。"张之说与刘基所言秦、楚两国相与结党之说可相印证。

② 吕相绝秦：吕相，晋国大夫魏相，因其食邑在吕地，故又称吕相。绝秦：与秦绝交。其事发生于鲁成公十三年（公元前578），秦桓公与狄、楚联合对晋，晋国由是遣吕相至秦国与秦断交。

③ 楚伐麇（jūn）而狄侵齐：楚伐麇在鲁文公十一年（公元前616），原因是厥貉之会，麇国国君逃跑了。麇为小国，治地在今湖北省郧县一带。狄伐齐在同年秋天。

④ 楚围巢而秦战河曲：楚围巢之事发生于鲁文公十二年（公元前615）夏。巢，偃姓古国，商朝时就有其国。秦、晋于河曲之地交战发生于同年的十二月，起因是秦康公欲报鲁文公七年（公元前620）令狐之战失败之仇。

⑤ 新城，宋国地名，在今河南省商丘市西南。仅仅收拾，才刚刚收拢好人心。新城之盟盟于鲁文公十四年（公元前613），此次盟会陈、郑、宋三国从盟者均重新站到以晋国为代表的华夏诸国阵营中来。"齐又叛"是指新城之盟的第二年，齐国背弃刚盟誓下的约定，进犯鲁国的西鄙。晋国受齐国贿赂，未讨齐国。

⑥ 更：再、多。

⑦ 堂堂然：盛大的、很有气势的样子。这里可以理解成晋文公成就的霸业在此时衰退得很快且突然。

⑧ 秦开始只是周王朝的附庸，至公元前770年，因秦襄公护周平王东迁有功，秦君才被封为诸侯。而秦襄公的祖公秦仲，据记载正是死于周难，《史记·秦本纪》云："秦仲立三年，周厉王无道，诸侯或叛之。西戎反王室，灭犬丘大骆之族。周宣王即位，乃以秦仲为大夫，诛西戎。西戎杀秦仲。秦仲立二十三年，死于戎。有子五人，其长者曰庄公。"

⑨ 崤之败：公元前627年，秦、晋爆发崤之战，在晋军和姜戎的联合攻击下，秦军大败。崤之战是秦国实力不断发展和东进中原被晋国在地理位置上扼制的必然结果，崤之战晋国暂时捍卫了自己的霸主地位，而秦、晋两国则由世代交好转为世仇，此后频繁交兵。战败后的秦穆公军事上转而向西发展，不断拓展；外交上走联楚抗晋的路线。

史料链接：

1. 《春秋·文公十年》：夏，秦伐晋……冬，狄侵宋。《左传》注曰：十年春，晋人伐秦，取少梁。夏，秦伯伐晋，取北征。

2. 《春秋·文公十年》：冬……楚子、蔡侯次于厥貉。

《春秋左传·文公十年》：秋七月……陈侯、郑伯会楚子于息。冬，遂及蔡侯次于厥貉，将以伐宋。宋华御事曰："楚欲弱我也。先为之弱乎，何必使诱我？我实不能，民何罪？"乃逆楚子，劳且听命。遂道以田孟诸。宋公为右盂，郑伯为左盂。期思公复遂为右司马，子朱及文之无畏为左司马。命凤驾载燧，宋公违命，无畏抶其仆以徇。（杨伯峻：《春秋左传注》，第二册，第577—578页。）

宋人、卫人入郑◎宋人、蔡人、卫人伐戴◎郑伯伐取之①

题解： 公元前713年，宋、卫两国趁郑国的军队外出，攻陷了郑国国都。随后，志得意满的宋国、卫国又拉拢蔡国，一起攻打戴（载）国。三国之师尚在戴国都城流连，已班师回国的郑军便迅速将戴国包围，一举将三国军队或杀或擒，尽数消灭。刘基将此三条记载列为篇题，一责宋、卫、蔡、郑四国同为周天子封国，却目无王纲法纪，私相攻伐；二责四国崇尚欺诈，不以信义行事。

诸侯连兵以为暴，而敌国又乘其后，《春秋》所以交责之也。

夫兵，圣人之所恶，而况以诡诈相报复乎。宋、卫间郑师之在外，而乘虚以入其国。② 既入郑矣，又召蔡人以伐戴。则其阻兵肆暴，未有若此之甚者也。而不虞郑伯之起乘其弊，伐而兼取其师焉。夫宋、卫固不义矣，而郑亦岂得为义哉。《春秋》书"人"，书"伐"，又书"伐取"，则为交责之也可知矣。《周官》九伐之法，大司马掌焉，列国而非王命，不敢擅动其兵也。东迁以来，王纲不振，诸侯各自为党，以奸诈为仁义，视杀戮为寻常，侵夺纷纷，莫之能禁③，其罪可胜诛哉？今郑师以伐宋出，宋人知其国之无守也，于是挟卫人以捣其虚，所谓攻其无备、出其不意之谋也。果然造郑国都，如入无人之境④。是宋、卫之得志于郑矣，二国既

---

① 篇题出自《春秋·隐公十年》。戴，《春秋穀梁传》《春秋公羊传》都作"载"。戴为小国。宋、卫、蔡三国之师伐戴入城，郑国围戴城，故能一举伐取三国之师。

② 《春秋左传·隐公十年》曰："秋七月庚寅，郑师入郊，犹在郊。"则是宋国、卫国入侵郑国时，郑国军队尚在郑国远郊。考之史籍，该年六月郑国曾会同鲁国、齐国攻打宋国，此时军队尚在班师回国途中。

③ 莫之能禁：倒装句，正确的语序为"莫能禁之"。

④ 竟：同"境"。

已入郑而骄，故以伐戴召蔡。借曰郑有旧怨，戴何罪乎！不过乘时徼利①，以凌弱而犯寡耳。则其阻兵安忍之恶极矣，而不知郑庄之计又巧也。方二国之入郑也，郑师已在郊矣，不还师以自救，而委国与之，避其锐也。及其既伐戴而图之，击其惰也。是故驻师于郊，多方以误之②。彼宋、卫狃③于入郑之役，谓己实无敌矣，而不虞郑伯之亦掩其不备。郑攻其外，戴应其内，一举而三国之师尽没，亦可为好兵毒众者之戒矣。鸣呼！宋、卫以是施之于郑，而郑又以此反之，其民何罪？而鱼肉之④若是耶！然则宋、卫、蔡、郑皆不可以逃王者之刑⑤也。《春秋》比书其事，而四国之恶彰矣。

　　抑尝考之，春秋之初，以诈用兵，莫甚于宋、郑也。前此宋人伐郑，围其长葛，⑥郑则输平⑦于鲁，而不之救，长葛见取于宋，犹不顾也。宋人自谓无能为矣，不知宋、鲁之党既离，而郜、防之取继至，则宋已堕郑之术中而不寤也。至此，又蹈其前辙焉，卒于民不堪命，祸发萧墙。⑧鸣呼！若宋之殇公，所谓自取之也夫。

史料链接：

　　1.《春秋左传·隐公十年》夏五月，羽父先会齐侯、郑伯伐宋。

　　六月戊申，公会齐侯、郑伯于老桃。壬戌，公败宋师于菅。庚午，郑

师入郜。辛未，归于我。庚辰，郑师入防。辛巳，归于我。（杨伯峻：《春秋左传注》，第一册，第68页。）

2. 《春秋·隐公十年》：秋，宋人、卫人入郑。宋人、蔡人、卫人伐戴。郑伯伐取之。《春秋左传》注：秋七月庚寅，郑师入郊。犹在郊，宋人、卫人入郑，蔡人从之伐戴。八月壬戌，郑伯围戴。癸亥，克之，取三师焉。宋、卫既入郑，而以伐戴召蔡人，蔡人怒，故不和而败。（杨伯峻：《春秋左传注》，第一册，第69页。）

3. 《春秋左传·隐公五年》：冬十二月……宋人伐郑，围长葛，以报入郛之役也。（杨伯峻：《春秋左传注》，第一册，第47页。）

《春秋左传·隐公六年》：六年春，郑人来渝平，更成也。（杨伯峻：《春秋左传注》，第一册，第49页。）

4. 《春秋左传·桓公二年》：二年春，宋督攻孔氏，杀孔父而取其妻。公怒，督惧，遂弑殇公。

君子以督为有无君之心而后动于恶，故先书弑其君。会于稷，以成宋乱，为赂故，立华氏也。

宋殇公立，十年十一战，民不堪命。孔父嘉为司马，督为大宰，故因民之不堪命，先宣言曰："司马则然。"已杀孔父而弑殇公，召庄公于郑而立之，以亲郑。以郜大鼎赂公，齐、陈、郑皆有赂，故遂相宋公。（杨伯峻：《春秋左传注》，第一册，第85页。）

齐人、郑人入郕◎蔡人、卫人、陈人从王伐郑①

题解： 郑、宋两国本有旧仇。公元前714年，当时身为周桓王左卿士的郑庄公以宋殇公不朝周王为由，假托周王之名，号令各诸侯讨伐宋国。次年，因郕国前一年未曾听令讨伐宋国，郑国以郕国不听周王号令为由，会同齐国讨伐郕国。《春秋》记事用"入郕"，以现郑庄公假公济私之实。公元前707年，郑庄公怪周王不委周政于己，不朝周王。周王便号令蔡、卫等国讨伐郑国。郑庄公不服天讨，竟以军队武力抵抗。两事并观，则郑庄公表里不一，行事不以道义为准而唯私利是图的行径便清晰明了。

假王命以逞其私忿，抗王威以肆其不臣，甚矣郑庄公之不道也。

夫诸侯而不知有王，恶之大者也。郑伯憾郕之不会伐宋，于是托于王命，而挟齐人以入其国。②"入"者，不顺③之词也，则其假王命以逞

---

① "齐人、郑人入郕"出自《春秋·隐公十年》正文；"蔡人、卫人、陈人从王伐郑"出自《春秋·桓公五年》。郕（chéng），《春秋公羊传》亦作"盛"，国名，小国，姬姓，始封于周文王次子，伯爵国。

② 鲁隐公九年（公元前714），郑庄公因宋殇公不朝周天子，以周王命遍告诸侯，要求共同讨伐宋国。鲁国、齐国皆出师，郕国收到诰命却未理会。郕国由是而被齐国、郑国以正周王的名义讨伐。

③ 不顺：遇到顽强抵抗之意。《春秋》记攻城用"入"，大多有不顺之意，也寓有褒贬的态度。《春秋穀梁传》云："'入'者，内弗受也。曰'入'，恶入者也。"《穀梁》之意，《春秋》书"入"表明作者对攻城者的厌恶。

私忿者①可见矣。既而②以不朝得罪于王，王帅诸侯以讨其罪，乃敢用兵，交战于繻葛，③王非诸侯之敌也，抗王威以肆其不臣，其罪又何如哉？

《春秋》于"入郕"书"人"、书"入"，以著齐、郑之罪；于"伐郑"，不言战败，所以存天下之防④也。呜呼！郑者，宣王之懿亲⑤。我周之东迁，晋、郑焉依⑥，则郑实王室之藩屏也。奈何寤生⑦以小人之雄，连诸侯以逞其不义。东迁之初，实为无王之首⑧。是故伐卫而专征伐之权，⑨盟石门而乱司盟之法；⑩温麦周禾，君臣道丧；⑪取邑易田，灭纪

---

①　假王命以逞私忿者：按说此时郑庄公为周王卿士，宋君不朝周王，郑庄公代周王伐之，看似合情合理，但宋代学者程颐及胡安国都认为郑庄公伐宋是"假王命以逞私忿"，其依据有二：一是《春秋》书"齐人、郑人入郕"用了"人"这个词，若郑讨宋完全是为了维护君臣大义，则当然是正义的，那么郑庄公讨郕也必然是正义的，而如果完全是正义的讨伐，《春秋》就不会用"人"这个含有贬义的词；二是郑国想拥立公子冯为宋君。公子冯是宋穆公之子，宋穆公得位于兄长宋宣公，宋穆公病危时为了感恩于宋宣公，特地交代传位给宋宣公之子与夷（即宋殇公），并将公子冯送居郑国。宋殇公即位当年（公元前719）就受卫国篡立之君州吁的挑唆，欲为铲除公子冯这个潜在威胁而讨伐过郑国，郑、宋由此结下仇怨。正好此年宋殇公不朝周王，郑庄公借机公报私仇。刘基此观点采从程颐和胡安国。

②　既而：不久、一会儿之后。

③　鲁桓公五年（公元前707），周王将政事交予虢公忌父，不再用郑庄公参预周政，郑庄公由是不朝周王。周桓王亲征，率诸侯讨伐郑庄公；郑庄公亦兴师抗伐，双方战于繻葛，周王之师大败，周桓王也在战争中肩部中箭。

④　存天下之防：即存君臣之义。

⑤　宣王之懿亲：懿亲，至亲。《左传·僖公二十四年》："如是则兄弟虽有小忿，不废懿亲。"郑国始封于周宣王时期，郑国的始封君郑桓公（名姬友）是周宣王的胞弟。郑庄公为郑桓公之孙。

⑥　晋、郑焉依：即晋郑是依，以晋国、郑国为依靠，"焉"为结构助词。《左传·隐公六年》去："周桓公言于王曰：'我周之东迁，晋郑焉依。善郑以劝来者，犹惧不蔇，况不礼焉，郑不来矣。'"杜预注曰："周幽王为犬戎所杀，平王东迁，晋文侯、郑武公左右王室，故曰晋、郑焉依也。"

⑦　寤生：郑庄公的名字。郑庄公为郑国第三代国君，郑桓公之孙，郑武公之子。

⑧　无王之首：即言郑庄公是头号不尊周天子之诸侯。

⑨　伐卫而专征伐之权：公元前722年，郑庄公弟弟共叔段为乱郑国，郑庄公平其乱。事败后，共叔段及其子公孙滑逃于卫国，卫国为其出头，兴兵伐郑，取郑国地廪延。郑庄公此时是周王卿士，遂兴周之师与西虢公（与郑庄公同为周王卿士）之师伐卫。郑庄公以诸侯之身，因私事而擅用周之师讨伐卫国，故刘基言其"专征伐之权"。

⑩　盟石门而乱司盟之法：石门，齐国地名。公元前720年，齐侯、郑伯在石门盟誓。

⑪　温麦周禾，君臣道丧：温，周王畿内的小国。鲁隐公三年（公元前720）四月，郑国大夫祭足带军队把温国刚成熟的小麦收割了去。周，成周。鲁隐公三年（公元前720），郑国又收割了成周刚熟的禾。温之麦，成周之禾，皆周天子之物，郑庄公竟私自攫取，故言"君臣道丧"。

废典；① 则其不知有王也久矣。至是以兵入郕，果欲尊王室哉？观繻葛之一战，可以究其奸雄不道之心矣。夫郕者，文之昭②也。当鲁之九年，郑人伐宋召郕，而郕不与③，非郕罪也。郑庄以其尝为王之卿士，而托于王命，以败诸侯，于是合齐人以虐郕，而诬以违命之罪。干戈戎马，造④其国都，而王臣不行，王师不出，则其矫假之罪已明而犹未也。一旦王夺其政，遂怀忿而不朝，以致天王奋怒，躬帅三国以伐之。此举虽非天讨，而郑之见伐于王，尤足信其入郕之为矫矣。不然，郑方纠逖王慝⑤，何至自受王师之伐也哉。王师既至，乃不俯首请命，而敢执干戈，与天子周旋繻葛之役，至以一矢加之乘舆，逆理悖道而有若此者乎？《春秋》不言其战与败，所以为王讳，而存天下之大防也。虽然，郑之所以敢抗王者，未始不由入郕之役致之也。《易》曰："履霜坚冰至。"矫制入郕，而王不问，然后大假王命，以制诸侯，于是而入许，⑥ 于是而纳冯，⑦ 志得意满，遂有繻葛之举矣。自繻葛以后，而王命不行，伯图遂启。故夫东周之不振，皆癙生之所为也。论而至此，郑庄之罪，不容诛矣。而齐以太公之裔，赐履⑧之命，非不重也，乃不能以义制郑，而从其所欲，然则禄父⑨者，亦癙生之徒与。

史料链接：

1.《春秋·隐公十年》：冬十月壬午，齐人、郑人入郕。《左传》注曰：冬，齐人、郑人入郕，讨违王命也。

---

① 灭纪废典：废弃先祖制定的法度、典制。

② 文之昭：周文王的儿子，郕国始封于周文王次子。

③ 与：参加、参与。

④ 造：《说文解字》："造，就也。"到、到某地去之意，此处可解释成侵入。

⑤ 纠逖王慝：纠，监督；逖，治理；慝，恶。监督惩治周王厌恶之人。《左传·僖公二十八年》云："敬服王命，以绥四国，纠逖王慝。"

⑥ 郑庄公伐宋、入郕次年（鲁隐公十一年，公元前712），郑国又联合鲁国、齐国伐许，许庄公出逃。

⑦ 纳冯：拥立公子冯回宋国为君。

⑧ 赐履：君主赐封土地。《左传·僖公四年》："赐我先君履，东至于海，西至于河，南至于穆陵，北至于无棣。"杜预注："履，所践履之界。"关于齐国始封君姜尚被封一事，《水经注》卷二十六《淄水》言："武王以其地封太公望，赐之四履，都营丘为齐。"

⑨ 禄父：齐僖公之名，《史记》作"禄甫"。郑庄公以王命伐宋、入郕、代许诸事，齐僖公均有参与，故刘基一并责之。

2.《春秋·桓公五年》：秋，蔡人、卫人、陈人从王伐郑。

《春秋左传·桓公五年》注曰：王夺郑伯政，郑伯不朝。秋，王以诸侯伐郑，郑伯御之。王为中军；虢公林父将右军，蔡人、卫人属焉；周公黑肩将左军，陈人属焉。

郑子元请为左拒以当蔡人、卫人，为右拒以当陈人，曰："陈乱，民莫有斗心，若先犯之，必奔。王卒顾之，必乱。蔡、卫不枝，固将先奔，既而萃于王卒，可以集事。"从之。曼伯为右拒，祭仲足为左拒，原繁、高渠弥以中军奉公，为鱼丽之陈，先偏后伍，伍承弥缝。战于繻葛，命二拒曰："旝动而鼓。"蔡、卫、陈皆奔，王卒乱，郑师合以攻之，王卒大败。祝聃射王中肩，王亦能军。祝聃请从之。公曰："君子不欲多上人，况敢陵天子乎！苟自救也，社稷无陨，多矣。"（杨伯峻：《春秋左传注》，第一册，第104—106页。）

3.《春秋左传·隐公九年》：夏……宋公不王，郑伯为王左卿士，以王命讨之。代宋。

秋，郑人以王命来告伐宋。（杨伯峻：《春秋左传注》，第一册，第65页。）

《春秋左传·隐公十年》：六月……蔡人、卫人、郕人不会王命。（杨伯峻：《春秋左传注》，第一册，第69页。）

4.《春秋左传·隐公三年》：宋穆公疾，召大司马孔父而属殇公焉，曰："先君舍与夷而立寡人，寡人弗敢忘。若以大夫之灵，得保首领以没，先君若问与夷，其将何辞以对？请子奉之，以主社稷，寡人虽死，亦无悔焉。"对曰："群臣愿奉冯也。"公曰："不可。先君以寡人为贤，使主社稷，若弃德不让，是废先君之举也，岂曰能贤？光昭先君之令德，可不务乎？吾子其无废先君之功。"使公子冯出居于郑。八月庚辰，宋穆公卒。殇公即位。（杨伯峻：《春秋左传注》，第一册，第28—29页。）

《春秋左传·隐公四年》：宋殇公之即位也，公子冯出奔郑，郑人欲纳之。及卫州吁立，将修先君之怨于郑，而求宠于诸侯以和其民，使告于宋曰："君若伐郑以除君害，君为主，敝邑以赋与陈、蔡从，则卫国之愿也。"宋人许之。于是，陈、蔡方睦于卫，故宋公、陈侯、蔡人、卫人伐郑，围其东门，五日而还。（杨伯峻：《春秋左传注》，第一册，第36页。）

杞子来朝◎公子遂帅师入杞^①

    题解：公元前633年，杞桓公来鲁国访问。因杞国不用周礼而用少数民族礼仪，故鲁僖公很看不起杞桓公，认为他不恭敬。杞君回国后，鲁僖公便以杞君无礼为由，派公子遂带兵讨伐杞国。杞国为周封国，用夷礼而不用周礼，固然可责，故杞君本为伯爵而《春秋》贬称"杞子"。然而鲁国讨伐杞国的行为也是不对的，故《春秋》书"入"，以责鲁国恃强凌弱、毫无仁爱之心。

    事人而失其礼者固可责，责人之失礼而加以兵者尤可罪。夫惟智者为能以小事大，而仁者为能以大事小也。^② 若杞者，可谓不知^③，而鲁亦可谓之不仁也欤。

    夫杞不朝王而朝鲁，非礼矣。况以^④中华而用夷俗，以夷变夏^⑤，杞

---

    ① 篇题出自《春秋·僖公二十七年》。杞子，杞桓公。杞本旧国，姒姓，大禹之后，商时就已封国；周时欲封大禹之后，得东楼公，重封为杞，杞君爵次为伯爵。杞国不用周礼，用少数民族礼仪。此次杞子来朝鲁国，僖公因其不用周礼而轻贱之，其后又以杞君无礼为由兴兵伐之。公子遂，即东门襄仲，又称襄仲、东门遂、仲遂、东门氏，鲁庄公之子，鲁国卿。

    ② 《孟子·梁惠王下》言："惟仁者为能以大事小，是故汤事葛，文王事混夷。惟智者为能以小事大，故太王事獯鬻，勾践事吴。以大事小者，乐天者也；以小事大者，畏天者也。乐天者保天下，畏天者保其国。《诗》云：'畏天之威，于时保之。'"大、小指大国和小国。

    ③ 不知：知，通"智"。"惟智者为能以小事大"，杞为。小国，不能正确地对待鲁国这样的大国，所以不智。

    ④ 以：介词，在。《史记·田敬仲完世家》云："田单以即墨攻破燕军。"

    ⑤ 以夷变夏：以少数民族的礼节习俗影响、改变华夏的礼节习俗。在华夏文明占主导地位的春秋时期，以夷变夏是士大夫非常忌讳的事情。

之罪，容可免乎？鲁之于杞，有婚姻之好焉。① 诲之以文告②，加之以训辞③，抑岂不可④？而公子遂帅师入其国，则太甚矣。《春秋》交著其罪，故杞本伯爵而贬称"子"，狄之也；"公子遂帅师"，言其用大众也，"入"者，不顺之词也。而二国之罪，皆无所逃矣。昔者太王之事昆夷，以小事大者也，⑤ 其诗曰"肆不殄厥愠，亦不陨厥问"⑥，曷尝自外于礼⑦乎？汤之事葛，以大事小者也，其书曰"乃葛伯仇饷，初征自葛"，⑧ 曷尝以失礼而遽伐之乎？春秋之时，人心敦坏⑨，天理不明，故小国安于僻陋，而无自强之志；大国矜其威力，而无仁爱之心。于是并吞并起，弱肉强食，然后礼义衰而干戈横行，中国微而夷狄暴横，莫之能御，夫岂无故

---

① 鲁国与杞国有联姻。鲁僖公二年（公元前721），纪国大夫纪裂𦈎就曾到鲁国为杞君迎娶鲁女。鲁庄公二十五年（公元前669）又嫁长女伯姬为杞成公夫人，此时公子遂入杞，伯姬尚在杞国，至次年伯姬才从杞回鲁。

② 文告：以文德告谕之言辞。《国语·周语上》："有威让之令，有文告之辞。"

③ 训辞：训教之言。《左传·僖公七年》："君若绥之以德，加之以训辞，而率诸侯以讨郑，郑将覆亡之不暇，岂敢不惧？"

④ 抑岂不可：（这样做）又有什么不可以的呢？

⑤ 此处"太王之事昆夷"当作"太王之事獯鬻"，盖刘基误记。獯鬻（xūn yù），古书也作薰育、荤粥、薰粥，即后来所称的匈奴，服虔言："尧时曰荤粥，周曰猃狁，秦曰匈奴。"太王，即周文王祖父古公亶父。古公亶父时期，周之族人并不强大。《史记·周本纪》云："古公亶父复修后稷、公刘之业，积德行义，国人皆戴之。薰育戎狄攻之，欲得财物，予之。已复攻，欲得地与民。民皆怒，欲战。古公曰：'有民立君，将以利之。今戎狄所为攻战，以吾地与民。民之在我，与其在彼，何异。民欲以我故战，杀人父子而君之，予不忍为。'乃与私属遂去豳，度漆、沮，逾梁山，止于岐下。豳人举国扶老携弱，尽复归古公于岐下。"此即所谓"以小事大"。

⑥ 肆不殄厥愠，亦不陨厥问：肆，所以。殄，杜绝。厥，其，指昆夷。愠，愤怒、怨恨。陨，丧失。问，聘问。《诗经·大雅·绵》中的诗句，讲述周文王抚定昆夷的事迹。文王平定昆夷时已受命称王，国力与古公亶公时已不可同日而言，但周文王面对来犯的昆夷却没有直接以强大的兵力应战，而是先闭门修德，然后再以武力威慑及怀柔政策抚定昆夷。所以孟子言周文王事昆夷是"以大事小"，刘基引此诗句来说古公亶父，则可能是误引。句意为：所以不粗暴地用武力消灭昆夷的愤怒，也不丢失邻国交往的礼节，派使者聘问有归服之心者。

⑦ 自外于礼：把自己排除在礼节规范之外，也就是抛弃礼节。

⑧ 乃葛伯仇饷，初征自葛：句出伪古文《仲虺之诰》，说的是商朝建立者汤对待葛伯的事。葛，嬴姓国，夏朝诸侯。饷，馈赠。仇饷意为仇视来馈赠食物的人。据《孟子·滕文公》记载，汤与葛为邻国。葛伯无道，不祭先祖。汤派人问其原因，葛伯说没有供祭之牲畜，汤便送牛羊给葛，葛伯却吃掉牛羊仍不行祭。汤又问，葛伯改说因为没有谷物做祭品，汤便派人去帮助葛人耕种。年老体弱的人前去送饭，葛伯竟带人强抢这些人手中的酒食，有一个送饭的小孩因此被杀。汤由是征讨葛伯。汤对葛伯，先礼后兵，仁至义尽，故称汤此举是"以大事小"的仁者之行。

⑨ 敦（yì）坏：败坏。

而然哉？且杞者，先代之后，先王以之备三恪而作宾者也。今而弃命废职，忘先君之所事，守不能居其封爵，亦可鄙矣。纵以微弱之故，欲恃大国以镇抚其社稷，则有先公之遗法在，何至以夏后之子孙，用东夷之习俗，投章甫而袭左衽，① 变礼乐而言侏离②，己则无礼，以污大禹之明德，其何罪大焉。《春秋》因其来朝之用夷礼，遂从而夷之，以见杞之自绝于中国也。由此观之，杞则诚有罪矣。奈何鲁以周公之胤，周礼所在，彼小国不能自振，而倚我大国以为援，其情亦可矜也，而况于伯姬在杞，甥舅之好，庸可弃乎？彼之来朝，岂不有慕于我而为是仆仆也乎。威仪文词之不类③，进退揖让之或愆④，胥教胥诲⑤，以引以翼⑥，以继武王、周公兴灭举废之心可也。今也不然，来朝之车甫旋⑦，而上卿授钺，直造东楼⑧之国舍，曰"有罪"，何至于此！彼以其卑，我以吾暴，⑨ 嘉善而矜不能⑩之意，果安在乎？《春秋》书"公子遂帅师入杞"继于"杞子来朝"之后，则杞之失礼可罪也，而鲁之不道，不亦甚乎？

抑尝考之，桓之二年，杞尝朝鲁，未几而鲁亦入杞。则杞每以朝鲁而受其兵，何哉？桓不足责也，僖公号称贤君，而亦若是耶？禘太庙，致夫人，而嫡妾之分失；爱季姬，遇鄫子，而闺门之防乱。⑪ 况又从楚

---

① 投章甫而袭左衽：投，抛弃。章甫，殷朝士大夫佩戴的一种礼饰，《释名·释首饰》："章甫，殷冠名也。甫，丈夫也。服之，所以表章丈夫也。"袭，穿。左衽，衣襟向左开的衣服。衽，衣襟。我国古代某些少数民族的服装，前襟向左掩，不同于中原一带人民的右衽。

② 侏离：我国古代西部少数民族乐舞的总称。《周礼·春官·鞮鞻氏》"掌四夷之乐"，贾公彦疏引《孝经纬·钩命决》："西夷之乐曰侏离。"

③ 不类：不一样。

④ 或愆（qiān）：可能有冲突。

⑤ 胥教胥诲：胥，相互，《尔雅释诂》："胥，相也。"教、诲同义。互相教导。

⑥ 以引以翼：引导扶持。语本《诗·大雅·行苇》："黄耇台背，以引以翼。"郑玄笺："以礼引之，以礼翼之；在前曰引，在旁曰翼。"

⑦ 甫旋：刚刚回去。

⑧ 东楼：即周朝杞国的始封君东楼公。

⑨ 彼以其卑，我以吾暴：他杞国弱小卑微，我鲁国大国却肆行暴力。

⑩ 嘉善而矜不能：矜，可怜、同情。褒奖好人，也同情可怜弱小无能的人。《论语·子张》云："君子尊贤而容众，嘉善而矜不能。"

⑪ 《春秋·僖公十四年》："夏六月，季姬及鄫子遇于防。使鄫子来朝。"《春秋公羊传》和《春秋穀梁传》都认为季姬其时尚未出嫁，和鄫子是在防地私会，是犯礼教大防的行为（古时男女婚嫁，在没有父母之命及一系列烦琐的仪式完成之前，是不得私自见面的）。至于刘基"爱季姬"的说法，应本于胡安国《春秋传》"盖鲁公钟爱其女，使自择配"的推测。

盟齐,① 乞师于楚,② 使天下沦于涂炭，鲁之为鲁，庸愈于杞乎？不省己而以责人，呜呼，微《春秋》，不仁者皆得以文③其恶矣。

史料链接：

1. 《春秋·僖公二十七年》：春，杞子来朝……《左传》注曰：春，杞桓公来朝，用夷礼，故曰子。公卑杞，杞不共也。

2. 《春秋·僖公二十七年》：秋八月穀梁公子遂帅师入杞。《左传》注曰：秋，入杞，责无礼也。

---

① 从楚盟齐：公元前643年，成就齐国霸业的齐桓公去世。隔年（公元前641），陈侯以"无忘齐桓之德"为名，邀鲁、楚、蔡、郑在齐国结盟修好。楚国与齐国相隔甚远，不辞劳苦赴齐修盟，自是看到了齐桓公死后的中原有利可图；而鲁僖公也参加了此次盟会，故刘基有责其推助楚国入主中原之意。

② 乞师于楚：公元前634年，齐国两次侵犯鲁国边境，鲁国派公子遂赴楚国借兵。此年冬，鲁国以楚军伐齐，夺取了齐国的谷邑。

③ 文：掩饰。

及晋处父盟◎公孙敖会宋公云云，晋士縠盟于垂陇①

题解： 公元前625年，鲁文公与晋国大夫阳处父在晋都盟誓。这是鲁国史上第一次鲁君屈身与他国大夫结盟。该年六月，鲁、宋、陈、郑四国又在垂陇结盟，陈侯、郑伯皆亲自参与，鲁国、晋国则派大夫赴盟。周代是等级森严的宗法社会，讲究伦常秩序。若不同身份地位的人平等对话，对位尊者来说是耻辱，对卑贱者来说是越礼。鲁文公既受辱于晋，不知"己所不欲，勿施于人"，不久便派大夫赴诸侯之盟，见其行事乖违。而鲁、晋两国就在此事上开了大夫与诸侯直接对话的先河，这是春秋中后期各国政权普遍被大夫专擅的开始。

受人之非礼而效其尤者，罪在望国；待人以非礼而贰②其过者，罪在伯主。

夫大夫不可以抗诸侯，礼之大节也。今也文公朝晋，而及晋处父盟，是晋以非礼加鲁，而鲁受其辱矣。奈何垂陇之盟，宋、陈、郑之君在焉，而我以公孙敖会之。晋又以士縠主之。晋既贰过，鲁亦效尤，遂使君臣之分，从此大紊于天下，谁之咎耶？《春秋》于处父之盟，没公不书③而处父去氏，于垂陇之盟，则据事直书，而罪自见矣。夫司盟之法，已非列国

---

① 《春秋·文公二年》："三月乙巳，及晋处父盟。夏六月，公孙敖会宋公、陈侯、郑伯、晋士縠盟于垂陇。"及，与，其上省去了主语鲁文公。处父，晋国大夫阳处父。公孙敖，鲁国大夫。士縠，晋国大夫。垂陇，郑国地名。垂陇之盟，晋因是霸主国，故亦是主盟者，也就是说此次盟会具体主盟的人是晋国大夫士縠。春秋此前未有大夫主盟之事发生，大夫主盟始于士縠。

② 贰：指晋国先派处父与鲁君盟，又派士縠与众诸侯盟。大夫与诸侯身份地位不对等，按礼不能一起誓盟，晋国这种行为是扰乱伦常秩序之举，故称晋侯有罪。

③ 没公不书：隐去鲁文公不记，《春秋》记事曰"及晋处父盟"，省去了主语。

之所当专，况于以大夫而与诸侯盟乎。

　　周道衰微，王纲解纽。及邾盟蔑，隐公实肇其端；① 至于浮来之歃，降尊从卑；② 于折之盟，以下援上。③ 则乱常失序，皆自我鲁为之，宁不重可叹乎④？ 齐桓创伯，而以公子结抗盟为讨；⑤ 于防之歃，鲁又不祥；⑥ 直至后幽之盟，齐伯大定，二十余年，纲纪粗立，抑何幸欤。晋文以谲主诸侯，而翟泉之役，首为厉阶，王臣且不顾矣，况与国乎？⑦ 襄公当国家多难之时，不知以礼信属诸侯，而以不朝来讨。⑧ 文之伯也，未能改物⑨，何遽至此？ 我文公不能以周礼自守，而畏大国之威，奔走听命，辱莫大焉。晋侯不念同姓之懿，而暴蔑周公之裔胄，以宣示其侈。处父，大夫也，敢盟天子之公侯乎？ 灭纪废典，以干先王之法度，其何罪如之。《春秋》没公以为鲁讳，鲁人耻之，君子亦耻之也。至于垂陇之会，宋以三恪之宾，陈以虞帝之后，郑以宣王之懿亲，咸与在列，而晋又使士縠主其盟，是晋襄之待诸侯，皆以大夫当之矣。一之已甚，其可再乎？⑩ 晋不足责也，鲁亦可以省矣。人以大夫盟我，我之辱也。敖也何人，而使上敌三

----

　　① 肇，开始。鲁隐公元年（公元前722）三月，鲁隐公与邾子盟于蔑，这是《春秋》记载的首次诸侯之间的盟会，故刘基言隐公"肇其端"。

　　② 鲁隐公八年（公元前715），鲁隐公与莒人在浮来盟誓。莒为东夷，故说鲁隐公"降尊从卑"。

　　③ 鲁桓公十一年（公元前701），鲁国大夫柔与宋公、陈侯、蔡叔在折地会晤并盟誓，这是第一次鲁国大夫与别国国君盟誓。"以下援上"即指大夫与诸侯盟誓。

　　④ 宁不重可叹乎：能不深深地感叹吗？

　　⑤ 公元前678年，幽之盟，齐桓公始称霸。公元前675年，齐侯、宋公欲在郳地结盟，鲁国公子结往郳地与宋公、齐侯共盟。此年冬，齐、宋、陈三国共讨伐鲁国，杜预言"幽之盟，鲁使微者会；郳之盟，又使媵臣行，所以受敌鄙边邑"，意即鲁国被讨伐和鲁国总是派大夫与诸侯盟会有关。

　　⑥ 防之歃即防之盟，公元前672年，齐国派大夫高傒与鲁庄公在防地盟誓。

　　⑦ 公元前631年，鲁僖公、王子虎（周王之子）、晋大夫狐偃、宋大夫公孙固、齐大夫国归父等在翟泉会盟。综合宋人叶梦得和胡安国的说法，翟泉在王城之内，晋文公等人不亲自朝王，却派自己的大夫往与王子虎盟誓，是目无天子的大恶行为，理当谴责。

　　⑧ 晋襄公以不朝讨伐鲁国，即此次"及晋处父盟"之前事，鲁被讨伐后才与处父盟。其时为鲁文公二年，"当国难"是指鲁国刚刚死了国君鲁僖公。

　　⑨ 改物：改变文物典章，借指改朝换代。《左传·昭公九年》："文之伯也，岂能改物？"杜预注："言文公虽霸，未能改正朔、易服色。"

　　⑩ 一之已甚，其可再乎：（这种违礼乱纪的事）做一次就已经很过分了，难道还可以做第二次？

国之君。辱于人不戒，而亦辱人。夫效尤，祸也。不知政权下逮，自此始矣。① 是故有处父之盟，而后有垂陇之盟。晋有处父、士縠，而鲁有公孙敖。相视而起，相观而化，三家六卿②之祸萌矣。

《春秋》严谨始③之法，故深贬处父，而垂陇之役，遂列二子之名氏，非但直书以从同而已也，若曰"大夫之交政于天下自此始"也，由是而大夫皆得以名氏书于经矣。仲尼曰："始作俑者，其无后乎。"由是晋有赵盾，鲁有仲遂，纷纷迭起，而桃园之事④、过市之哭继见。呜呼！滥觞之不塞，孰滔天之可遏。履霜之不谨，知坚冰之必至。他日昭公逐，⑤ 哀公走，⑥ 靖公废，乃其效欤。然后知《春秋》正名辨分，必谨于始，为后世虑至深远矣。

史料链接：

《春秋·文公二年》：三月乙巳，及晋处父盟。夏六月，公孙敖会宋公、陈侯、郑伯、晋士縠盟于垂陇。

《春秋左传·文公二年》：晋人以公不朝来讨，公如晋。夏四月己巳，晋人使阳处父盟公以耻之。书曰："及晋处父盟。"以厌之也。适晋不书，讳之也。公未至，六月，穆伯会诸侯及晋司空士縠盟于垂陇，晋讨卫故也。书"士縠"，堪其事也。（杨伯峻：《春秋左传注》，第二册，第522页。）

---

① 自鲁文公始，公室的权力迅速萎缩，而季氏、孟氏和叔孙氏逐渐凌驾于公室之上。
② 三家六卿：三家，可指鲁国的季氏、孟氏、叔孙氏三家，也可指晋国的赵、魏、韩三家，两国的三大豪族最终都在春秋后期瓜分了公室。六卿，指晋国的韩氏、赵氏、魏氏、范氏（即士氏）、中行氏、智氏六大贵族。晋献公自骊姬之乱后，驱除群公子和桓、庄之族，公室力量被严重削弱，而异姓贵族得以发展强大起来，最终六卿几乎掌握了晋国的所有军政大权。
③ 谨始：慎重地对待事情的开始。《春秋穀梁传·桓公元年》："桓无王，其曰王，何也？谨始也。"
④ 桃园之事：公元前607年，晋灵公在桃园被杀，《春秋》记成"晋赵盾弑其君夷皋"。实则杀晋灵公的是赵穿而不是赵盾，然而因赵盾是晋国当时执政正卿，晋灵公被杀后赵盾又没有惩治赵穿，故晋国史官认为晋灵公之死，赵盾要负主要责任，便在晋国史书上写成赵盾弑君，《春秋》则依晋史而记。
⑤ 鲁昭公欲重振公室，于公元前517年讨伐季氏、孟氏和叔孙氏三家，被季文子打败，不得已逃往齐国，后又至晋国，最后死在晋国。
⑥ 鲁哀公是《春秋》记事时间范围内的最后一位君主，哀公亦以三家为鲁国大患，计谋除去三家，但却被三家抢先发难，被迫亡走他国。

楚人伐郑◎公子遂会晋人云云救郑◎楚子使椒来聘①

题解：公元前618年，楚国讨伐郑国。鲁、晋等五国大夫会晤商讨援郑之事，但因出师缓慢，诸侯之师后于楚军，最终未能救郑。故《春秋》于晋、宋、卫、许四国大夫均不记名氏，泛称之为"人"，意在贬责诸大夫办事不严肃认真。该年冬，楚国使大夫斗椒来访问鲁国。斗椒来鲁，手拿礼币而神态傲慢。斗椒虽无礼，但《春秋》记此事仍称"楚子使椒"，尊称楚君为"楚子"。刘基认为，将这几件事并列起来看，并结合《春秋》的笔法，则不难看出《春秋》是在感叹中国诸国不思夷夏之防，使时时处心积虑的楚国最终强大起来。

外夷猾夏，而中国失御侮之道，故外夷遂强，而用中国之礼焉，此夷夏盛衰之大机也。

夫外夷之所以强，皆由中国不振而已矣。当我文公之时，晋灵少懦，不在诸侯。楚人师于狼渊以伐郑，是以此尝晋之能否也。晋大夫以五国之师救郑而缓不及事。《春秋》贬大夫而"人"之，以见中国之不振，自此始欤。由是楚势遂张，而使椒聘鲁，乃以爵书，而君臣并见，然后华夷无复辨矣，可不为之寒心哉？尝谓夷狄猾夏未足忧，而中国之衰为可忧，何哉？当齐桓创伯之时，荆始入蔡而伐郑，其势张矣。② 桓公同盟于幽之

---

① 篇题均出自《春秋·文公九年》。"楚人伐郑，公子遂会晋人、宋人、卫人、许人救郑"发生于文公九年（公元前618）三月；"楚子使椒来聘"发生于文公九年冬。椒，即斗椒，字子越，楚国大夫。

② 公元前679年，齐桓公开始称霸，而楚国也是从那时开始强大起来。公元前680年，"荆入蔡"；公元前678年，"荆伐郑"。楚国国力虽不断强大，但是其地位未获华夏诸国的承认，所以《春秋》此时尚贬称楚国为"荆"。

后，荆始来聘，其进不过书"人"，而国号且未改也。① 既聘之后，屡驾伐郑，而改称"楚"，不驶驶②乎强大而将不可遏欤。③ 然而次陉之伐，振旅于前；④ 而城濮之战，献捷于后。⑤ 终桓、文之世，不得以爵见经，⑥以中国之有人也。城濮以来，楚人不敢北向者十有五年。今而忽起伐郑之师，宁不谓中国无人而可以逞其愿乎？是役也，实华夷盛衰之大机也。晋之执事，不思折冲御侮⑦以消外患，虽起救郑之师，而逡巡⑧畏缩，不即赴敌，遂使郑国失三大夫，不得已而及楚平，⑨谁之咎耶？《春秋》于伐郑之楚，犹以"人"书，向使晋能遏之于此，亦何致遂成其强哉？惟晋人不识事势，而坐失其机，然后强夷得遂其志，而越椒来聘，公然以中华之礼行乎望国，观其以玉帛而来，固异乎执干戈以从事，推原其心，岂诚知义而慕之者哉？不过借此以为窥觇之计耳。

　　《春秋》于救郑之役，贬诸大夫而称"人"，而中国之失策自此始也。至于来聘之役，遂进楚而称"子"，以蛮荆之得与齐、晋并肩自此始也。由是而次厥貉，由是而侵陈，遂侵宋，无乃滥觞于伐郑，而滔天于聘

① 公元前678年，鲁、齐、陈、宋、卫、郑、许、滑、滕九国国君在幽地盟誓，从形式上承认齐桓公的霸主地位。公元前671年，楚国来鲁国聘问，《春秋》记云"荆人来聘"，两国开始有了正式的外交。刘基认为，从先前的"荆人蔡""荆伐郑"到后来的"荆人来聘"，已表明楚国随着自身实力的增长，其国家地位也在提升。

② 驶驶：很快的样子。《广雅》："驶驶，疾也。"

③ 据《春秋》，公元前666年，"荆伐郑"。公元前659年，"楚人伐郑"。公元前658年，"楚人侵郑"。公元前657年，"楚人伐郑"。公元前659年的记载，是《春秋》首次称楚国号为"楚"，而不是像以前那样用"荆"或"蛮荆"来称呼。

④ 公元前656年，齐桓公合七国诸侯，兵伐楚国，将大军驻扎于楚地陉。楚国在楚臣屈完的努力下，免遭兵燹，众诸侯与楚国盟誓后退兵。此次伐楚，虽未有剧战，但仍对楚国起到了警示作用。

⑤ 城濮之战发生于公元前632年，楚国大败，从此收敛了图霸中原的步伐。

⑥ 《春秋》最早称楚君爵位，即称"楚子"，是在鲁僖公二十一年（公元前639），但其时齐桓公已卒，晋文公尚未即位，齐桓公和晋文公即位期间，《春秋》确实无称"楚子"者。

⑦ 折冲御侮：折，摧毁。冲，一种战车。折冲御侮意思是克敌制胜。

⑧ 逡（qūn）巡：因为有所顾虑而徘徊不前或退却。

⑨ 《春秋左传·文公九年》："楚子师于狼渊以伐郑。囚公子坚、公子龙及乐耳，郑及楚平。"三大夫，即公子坚、公子龙（lóng）、乐耳。平，讲和、求好。

鲁也欤？甚而至于辰陵之盟、于邲之战，① 首足遂倒悬②焉。然则晋灵、赵盾长乱之罪，无所逃矣。

或曰："来聘之举，传谓与之，今子之云，得无异乎？"曰："君臣并书，固与之也，而寖强③之意见焉；不然，何以从此而凡役得书爵耶。愚请为之说曰：滕子来朝，自是而皆称'子'，若曰滕之沦于夷狄，自朝桓始也；④ 楚子使椒来聘，自是而得称'子'，若曰楚之进于中国，自聘鲁始也。吁！圣人之旨微矣哉。"

史料链接：

《春秋·文公九年》：楚人伐郑。公子遂会晋人、宋人、卫人、许人救郑……冬，楚子使椒来聘。

《春秋左传·文公九年》：范山言于楚子曰："晋君少，不在诸侯，北方可图也。"楚子师于狼渊以伐郑。囚公子坚、公子尨及乐耳。郑及楚平。公子遂会晋赵盾、宋华耦、卫孔达、许大夫救郑，不及楚师。（杨伯峻：《春秋左传注》，第二册，第573页。）

《春秋左传·文公九年》：冬，楚子越椒来聘，执币傲。叔仲惠伯曰："是必灭若敖氏之宗。傲其先君，神弗福也。"（杨伯峻：《春秋左传注》，第二册，第573—574页。）

---

①　辰陵之盟发生于公元前598年，陈、郑两国向楚国称服，三国盟于辰陵。邲之战发生于公元前597年，起先辰陵之盟，郑向楚称服，然而郑国随后又向晋国示好。楚国不满，攻郑国，晋国派军救郑，晋、楚战于邲，晋军大败。

②　首足遂倒悬：犹言主次不分。

③　寖（jìn）强：逐渐强大。

④　滕子朝鲁事发生在鲁桓公二年（公元前710），《春秋》记成"滕子来朝"，而早在隐公十一年（公元前712），同是滕国君主朝鲁，《春秋》则记成"滕侯来朝"。从桓公二年以后，《春秋》记滕国君主再无称"滕侯"，在称谓上滕君由二等侯爵降为四等子爵，对此有的学者（如宋之胡安国）认为《春秋》这样做是为了排斥、谴责滕国，原因是鲁桓公弑君而立，滕国不讨伐却去朝见，是助长罪恶，故贬之。刘基说"滕之沦为夷狄"，也即此意。

齐侯使其弟年来聘◎有年[①]

题解： 公元前709年，齐侯派弟弟吕年来鲁国访问。鲁国其时正是鲁桓公当政。鲁桓公乃弑鲁隐公得君位，其君位不正。故刘基言齐侯访问之礼乃"礼施于不当施之人"。同年冬（今农历的秋季），鲁国大丰收。丰年乃常事，《春秋》不记常事，此处则记为何？刘基认为，丰收对于其他国君来说是常事，但是出现在篡位得君位的鲁桓公身上则变成了不寻常之事，侧面反映了鲁桓公在位的其他年份歉收严重。故《春秋》书"来聘"，书"有年"均是在谴责桓公弑君之大恶。

礼施于不当施之人者，人事之失；瑞降于不当降之国者，天道之变也。

夫时聘结好，常礼也，而以为非，何哉？鲁桓以不义得国，王法所当讨也。今齐侯使其弟年来聘，兹非人事之失乎？百谷顺成，嘉瑞也，而以为异，何哉？鲁桓以不义得国，天理所不容也。今五谷皆熟以有年，兹非天道之变乎？在他君以聘问为礼，而施于桓公则非；在他君以有年为常，而降于桓公则异。圣人之旨微矣哉！

尝谓《春秋》之作，无非为存天理、正人伦计也。人事舛，则伦不正；天道僭[②]，则理不明。圣人上奉天时，下立人纪[③]，故有赏刑之庸[④]，

---

① 篇题出自《春秋·桓公三年》。年，齐僖公一母所生弟弟夷仲年。有年，五谷丰获称有年。

② 僭：差错。

③ 人纪：为人处事的基本规范准则。

④ 赏刑之庸：庸，同"用"。赏刑之用，使用奖赏和惩罚的手段来规正人的行为。

而有燮理之道①焉。《春秋》，天子之事也，安得不于天人之际交致其谨也哉？②是故鲁桓篡隐而夺其位，人伦之大变也。执之者无罪，杀之者无禁，③暴明其恶，恭行天罚，宜也。鲁之臣子，义不戴天，而莫能讨，则邻国之所当举法也。况于④太公，实受赐履之命，齐可以不问乎？奈何不修方伯之职，乃使其贵介⑤弟将玉帛以修好。人事之反其常，未有甚于此者矣。《春秋》书曰："齐侯使其弟年来聘。"所谓礼施于不当施之人也。桓篡隐而有其国，天理之大变也。不有人祸，必有天殃。旱干水溢，疾疫饥馑，宜也。天下诸侯视以为常，而莫能讨，则惟天能诛之耳。况于丰年之瑞，当应于有道之国，鲁何以致此乎？奈何不有凶灾之谴，当其即位之三年，乃获五谷皆熟之庆，天道之反其常，未有甚于此者矣。《春秋》特书曰"有年"，是谓瑞降于不当降之国也。《春秋》深明天人之理，安得不以为非常之事而谨书之哉。厥后宣公之恶，犹桓也。元年齐侯与之会于平州，以定公位，⑥则亦僖公修聘之类也。十六年而大有年，则亦桓公有年之类也。人事之失，天道之变，《春秋》特于二公备之。圣人诛乱讨贼之法严矣哉。

虽然，弟年来聘，齐之罪也，而有年之瑞，天亦僭乎？以桓公在位十有八年，大水螽灾，每见于经，而仅一有年，则他岁之歉可知矣。桓公之罪可诛，而周公之遗民不可殄也。天为民而有年，岂桓公有以致之哉。不然，彭生之难，⑦亦不异于鴍氏⑧之祸，何耶？故曰"天定亦能胜人"，不可诬矣。

---

① 燮理之道：协和调理的道理。

② 天人之际，自然和人事之间的相互关系。交致，交代使之明白。句意：怎么会不在天人关系的问题上交代其严谨性呢？

③ 执之者无罪，杀之者无禁：执之者，具体执行事务之人。主导弑君谋逆者没有定罪，杀隐公之人没有被禁止。

④ 况于：何况。

⑤ 贵介：介，大。地位高贵之意。《春秋左传·襄公二十六年》："夫子为王子围，寡君贵介弟也。"

⑥ 鲁宣公在权臣襄仲的帮助下，以不义得位，为了得到其他诸侯国的承认，宣公给齐侯纳贿，请与之会，由是而有平州之会。在刘基看来，鲁宣公元年的宣公与齐侯的平州之会和桓公三年"齐侯使其弟年来聘"一样，性质上都是在助长谋逆。

⑦ 彭生之难：彭生，齐国大夫，以力气大而勇武著称。公元前694年，鲁桓公访齐国，与齐襄公发生矛盾，齐襄公指使彭生将桓公杀死。

⑧ 鴍（wěi）氏：鲁大夫。鲁隐公被杀于鴍氏家中，鴍氏亦参与了刺杀隐公的阴谋。

史料链接：

1.《春秋·桓公三年》：冬，齐侯使其弟年来聘。有年。

2.《史记·齐世家》：四年，鲁桓公与夫人如齐。齐襄公故尝私通鲁夫人。鲁夫人者，襄公女弟也，自厘公时嫁为鲁桓公妇，及桓公来而襄公复通焉。鲁桓公知之，怒夫人，夫人以告齐襄公。齐襄公与鲁君饮，醉之，使力士彭生抱上鲁君车，因拉杀鲁桓公，桓公下车则死矣。鲁人以为让，而齐襄公杀彭生以谢鲁。

考仲子之宫◎筑王姬之馆于外①

题解：仲子死后，鲁隐公为其建立新庙以便供奉，并在庙宇落成的典礼上使用了高规格的六佾舞。公元前693年，周王的女儿要嫁到齐国去，鲁庄公答应为双方主婚。然齐襄公是谋害鲁桓公的罪魁祸首，鲁庄公与齐襄公应有不共戴天之仇。鲁庄公不思报杀父之仇，竟然还帮齐国主持婚礼，从周礼的角度来说，鲁庄公的行为是大逆不道。将此二事并列，则可反映出鲁国违礼行为的严重情况。而鲁国号称秉承周礼，于礼最为完备；鲁国尚且违礼如此严重，则又可洞见整个春秋时期礼崩乐坏之全貌。

望国以非礼为礼，《春秋》书之，所以正其失也。

夫知其不当为而为之者，天下之大罪矣。故仲子，惠公之妾也，不当祀以夫人之礼，而隐公成其父之邪志，[2] 为别立宫以祀之，盖自以为得礼，而不知其非礼也。齐者，鲁之仇也，不当为之主婚，而庄公忘其父之仇，[3] 为筑王姬之馆于外，亦自以为得礼，而不知其悖礼也。由此言之，

---

① "考仲子之宫"出自《春秋·隐公五年》；"筑王姬之馆于外"出自《春秋·庄公元年》。王姬，周王室女。春秋时周天子嫁女，必使同姓诸侯主婚，周王自己不主婚，因为天子和诸侯身份地位不对等。此王姬应求嫁给齐侯，鲁君答应为其主婚，故来鲁备嫁。馆，起居之舍。于外，于宫外或是城外，因鲁现有的宫庙、朝堂均有用处，没有合适的可以用来接待周天子之女，故新筑于外；且因王姬不是鲁女，在城外筑屋舍安置亦合乎礼节。

② 成其父之邪志：《春秋·隐公五年》"考仲子之宫"一句，杜预注言："成仲子宫，安其主而祭之。惠公以仲子手文，娶之欲以为夫人，'诸侯无二嫡'，盖隐公成父之志，为别立宫也。"杜预之意是鲁惠公有意立仲子为夫人，但受礼法制约没有成事。而鲁隐公为仲子立庙，给予仲子等同夫人的高规格待遇，就是为了尊重其父的意向。因鲁惠公欲立仲子为夫人的想法不合礼法，故称其为"邪志"。

③ 据《春秋公羊传》及《史记·齐世家》记载，鲁庄公的母亲文姜与其兄齐襄公有私情。公元前694年，鲁桓公与文姜访齐。齐襄公与文姜又趁机私通，却被鲁桓公发现。鲁桓公大怒，齐襄公亦怒，遂使大力士将鲁桓公杀死于齐。故鲁庄公虽与齐襄公亲为甥舅，实又有杀父之仇。

岂非故为其所不当为者乎。此《春秋》所以深恶之也。

古者庶子在父母之室，为其母不禫，所以厌于尊①;② 慈母③与妾母不世祭,④ 所以降于嫡。此礼之当辨者也，况以妾母而敢立宫以尊之乎。父母之仇，不共戴天；兄弟之仇，不与同国；九族之仇，不同乡党。此义之当行者也，况以父仇而敢筑馆以主其婚乎？今隐公紊嫡庶之分，而庄公忘父子之亲，天理绝而人伦亡矣!《春秋》安得不深责之哉。

且仲子者，桓公之妾母也。隐公承先君之邪，而让非其所当让，将立其子，而先尊其母，特以孟子既入惠公之庙，则仲子不得与之并享，则非不知仲子之为妾矣，故特奉之以别宫。自常情言之，则不敢致诸太庙，而别立宫焉，疑若称⑤也；由君子观之，则谓公虽不敢袝⑥仲子于太庙，而立宫之礼亦非。故《春秋》因其始祀而书曰"考仲子之宫"。"考"者，始成而祀也；不曰"夫人"而曰"仲子"，正其名也。而隐公之以非礼为礼可知矣。庄公之于齐，不共戴天之仇也。天王嫁女于齐，而使鲁为之主，害义甚矣。为庄公者，泣血以请辞焉而勿从之，可也，奈何恝然不顾而遂受命焉。然不馆之于国内，则非不知其不当为也，故特筑王姬之馆于外。自常情言之，则筑馆于外，不失居丧之礼，疑若可也；以大义言之，则公也方当寝苫枕戈⑦之时，而与仇人主婚姻之礼，不亦悖乎。故《春秋》特书"筑王姬之馆于外"，则庄公之以非礼为礼，又可见矣。夫考宫，常事也，其得为者⑧不书，而"考仲子之宫"则书，以其乱夫妇之伦也。考宫书于上，而继之以"初献六羽"，六羽尤非仲子所当用，则隐公之罪不可逃矣。鲁主王姬久矣，其得为者不书，而庄公之主齐婚则书，以其忘父子之伦也。筑馆书于上，而继之"王姬归于齐"，归齐则非鲁所

---

① 所以厌于尊：厌，通"压"，抑制。"所以厌于尊"，可译为：因为（这么做会）冲撞尊贵者的原因。

② 在父母之室，意为未成婚与父母住在一起。禫，古时丧期满后除丧服时所举行的祭祀。

③ 慈母：某妾无子，另一妾之子丧母，父命该妾为此子之母，此子便称该妾为慈母。

④ 《礼记》："慈母与妾母，不世祭。"慈母与妾母死后，仅其子辈祭祀之，从其孙辈开始便不再祭祀。

⑤ 疑若称：猜度（这种行为）好像是合适的。句意表达出的是心虽存疑问，但总体倾向于认同的心理状态。下文的"疑若可"亦同义。

⑥ 袝（fù）：配享、附祭。

⑦ 寝苫枕戈：苫，草席；戈，兵器，意指随时不忘报仇。

⑧ 得为者：可以做的或是应该做的。

当主，而庄公之罪不可逭①矣。斯二者，三纲②之所系也，《春秋》安得不深谨之哉。

呜呼！鲁之礼若是耶，而曰犹秉周礼也，然则当时诸侯之于礼可知矣。

史料链接：

1.《春秋·隐公五年》：九月，考仲子之宫。初献六羽。《胡氏春秋传》注曰：考者，始成而祀也。其称仲子者，惠公欲以爱妾为夫人，隐公欲以庶弟为嫡子。圣人以为，诸侯不再娶，于礼无二适。孟子入惠公之庙，仲子无祭享之所，为别立宫以祀之，非礼也。故因其来赗，而正名之曰仲子之赗；因其考宫，而正名之曰仲子之宫，而夫人众妾之分定矣，隐公摄让之实辨矣，桓公篡弑之罪昭矣。存则以氏系姓，以姓系号；殁则以谥系号，以姓系谥者，夫人也。存不称号殁不称谥，单举姓字者，妾也。凡宫庙非志灾失礼，则不书。

2.《春秋左传·隐公元年》：惠公元妃孟子。孟子卒，继室以声子，生隐公。宋武公生仲子，仲子生而有文在其手，曰为鲁夫人，故仲子归于我。生桓公而惠公薨，是以隐公立而奉之。（杨伯峻：《春秋左传注》，第一册，第2—4页。）

3.《春秋·庄公元年》：夏，单伯送王姬。秋，筑王姬之馆于外。冬十月乙亥，陈侯林卒。王使荣叔来锡桓公命。王姬归于齐。

---

① 逭（huàn），逃避。
② 三纲：即君为臣纲、父为子纲、夫为妻纲，是古代儒家伦理观的核心部分。

会于萧鱼◎秦人伐晋◎莒人伐我东鄙，围台①

题解：公元前562年，晋悼公大会诸侯于萧鱼，共同谋伐出尔反尔的郑国。此次伐郑之后，郑国彻底脱离楚国，归服晋国，自后二十四年间，郑国亦未曾叛变。然而以晋悼公雄伟之才，八年间九会诸侯，郑国五会五叛之后犹能使之诚心归服，却在自己霸业高峰时，犹不足震慑外敌，杜绝外患。萧鱼之会后的当年冬季，秦国即来伐晋；次年莒国又来伐鲁，华夏竟然难有安宁之日。刘基将《春秋》所记此三事并列，折射出晋悼公霸业中兴、辉煌表象下的不足与无奈。在刘基看来，造成这种状态的原因有二：一是在郑国归服晋国之后，晋悼公自满懈怠，对敌国、夷狄失去足够的警惕，使秦、莒有机可乘。二是晋国世卿当政，分公室之权太甚，晋悼公虽有卓越的政治才能，但权力巨大的世家公卿对其制约太大，终使得晋悼公不能成就齐桓、晋文之霸业。

伯主既服贰国②，而不能制外患，此《春秋》之所惜也。夫功不在大，而患不在小也。惟不虑患于功成之后，则未有不失之者矣。

晋悼公叠三驾之劳③，以得郑于萧鱼之会，此中国莫大之功也。奈何

---

① "会于萧鱼""秦人伐晋"出自《春秋·襄公十一年》记载；"莒人伐我东鄙，围台"出自《春秋·襄公十二年》记载。萧鱼，据清人江永考证，萧鱼应在许昌市境内。

② 服贰国：服，使……归服之意。贰国，叛国，指郑国，郑国一直在晋国和楚国之间游离，晋强从晋，楚强从楚。晋国在晋灵公以后失去了其霸主的地位，此时在有卓越政治才能的悼公的经营下，霸业得以中兴。萧鱼之会，郑国彻底脱楚，归服晋国的领导。

③ 叠三驾之劳：累积三次兴兵的功绩。《春秋左传·襄公九年》"三驾而楚不能与争"，杜预注言："三驾，三兴师。谓十年师于牛首，十一年师于向，其秋观兵于郑东门。自后郑遂服。"

秦人继之以伐晋。借曰①秦晋，仇也，蕞尔莒乃敢伐我东鄙而围台，彼固有以觇晋之怠矣；② 而当悼公之世有是焉③，宁不深可惜哉？故自萧鱼而晋伯衰矣。吾尝观于齐桓公矣，方其伯之盛也，攘夷狄，恤与国，纠逖王慝，如恐弗逮，何其勤耶！至于葵丘既盟，怠心遂肆，由是楚狄交炽，公不能抑。君子伤之，以为有始而无终也。然而缘陵之城，④ 救徐之役，⑤ 功虽不足，犹有事焉，而未至如晋悼之遽自画于服郑也。人徒知葵丘为桓公盛衰之会，又孰知夫萧鱼为悼公勤怠之机耶。何也？悼公之入国⑥也，逐不臣⑦七人以治内，围宋彭城以治外，⑧ 而复伯之权舆⑨，已在此矣。由是而睦诸侯，和戎狄，三分四军⑩，以待来者，其勤为何如耶。故郑人之未服也，申之以五会⑪，震之以三驾，屡盟而屡叛，屡叛而屡伐。公亦知服人以威之未尽善矣，于是乎肆眚⑫围郑，聊以张吾三军，而纳斥候⑬，

---

① 借曰：假如说。

② 这句话表述有省缺，应当这么理解：假如说因秦、晋是世仇国，秦伐晋算是正常的行为，那么小小的莒国竟然也敢来侵犯鲁国，一定是觉察到了晋国的懈怠之心才敢这么做的。

③ 有是焉：发生了这种事。

④ 公元前646年，在齐桓公的号召下，诸侯在缘陵筑城（齐国地名，在今山东省昌乐县东南），将有亡国之忧的杞安置其中。但是缘陵之城尚未竣工，诸侯之人皆返，杜预言："器用不具，城池未固而去，为惠不终也。"

⑤ 救徐之役：公元前645年，楚伐徐国。齐、鲁等八国君主在牡丘会晤，皆遣大夫将兵救徐。援师虽出，但此年冬，徐还是被楚军在娄林打败。

⑥ 入国：晋献公以后，晋国未立为君的公子皆安置在国外。晋悼公之祖父为晋襄公幼子，没有继承权，所以被安置在成周雒邑，晋悼公出世也在雒邑长大。晋厉公死后，晋悼公被立为晋君，始由雒邑进晋国即位，故称"入国"。

⑦ 不臣：未能按君臣之道尽职尽忠者。

⑧ 围宋彭城以治外：宋本晋国盟友，今围宋彭城是因为此时之彭城已被楚国攻占。围彭城救宋是晋悼公复兴霸业走出的第一步。

⑨ 权舆：起始。《诗·秦风·权舆》："今也每食无余，于嗟乎！不承权舆。"朱熹《诗集传》："权舆，始也。"

⑩ 三分四军：晋有上、中、下、新四军，把四军分为三部，轮番作战，使敌方疲惫。

⑪ 五会：以郑和晋为代表的诸侯之间的五次会晤，分别为公元前570年鸡泽之会、公元前568年戚之会和城棣之会、公元前566年鄬之会、公元前565年邢丘之会，郑国背叛了全部的五次会晤。

⑫ 肆眚：肆，缓；眚，过错。赦免军中有过错的人。

⑬ 纳斥候：纳，收回；斥候，侦察兵。收回斥候表示不再对对方进行防备，以示和解之诚意。

禁侵掠，旋继于行成①之后，讲好会而却担盟②，推至诚以待郑使，反覆之人，不惟面革③，而有服其心，庶几乎王者之气象矣！④ 奈何服郑之后，遂自纵弛。秦，虎狼也，党楚而来谋我，盍亦预为之防乎？今也徒知一郑之服为可喜，而不知外侮之至为可忧。蜂虿⑤有毒，况敌国乎？秦人来伐，乃使士鲂⑥以孤军御之，卒易⑦秦而不设备；于栎之战，⑧ 不敢以告诸侯，亦可耻矣。比及明年，僻陋在夷之莒，亦敢兴师伐鲁，而围其邑。夫鲁，晋之同姓，事晋最谨，而莒敢陵之，岂徒弱鲁而已？知晋之怠而不畏也。观《春秋》书萧鱼之会，而继书"秦人伐晋"，明年又书"莒人伐我东鄙，围台"，无乃与"盟于葵丘"而继书"狄灭温""楚人伐黄"⑨ 之事类乎。

虽然，萧鱼之会，晋悼之终也，诸侯赖之，稍获息肩⑩，当衰乱之世，亦可谓之小康。然以圣人之王道律⑪之，则不然矣。悼公以清明之资而止于此，宁不深可惜哉？悼公没，晋伯替矣。推原其由，悼公之政，大抵以大夫分之。当其盛也，有荀罃⑫、魏绛⑬之良；及其衰也，伐秦制于

---

① 行成：求和。

② 却担盟：推辞担任盟誓仪式的主盟者。

③ 面革：革，变更、改变。"面革"就是表面上称服。

④ 庶几乎王者之气象矣：庶几乎，表测度，大概之意。句意：可以算是有霸者之气象吧。

⑤ 蜂虿（chài）：蜂尾的刺。

⑥ 士鲂（fáng）：晋国卿大夫。祁姓，彘氏，名鲂，谥号曰"恭"。士为其原来的氏，因其采邑于彘，遂以彘为氏，故亦称彘鲂，史称彘恭子。

⑦ 易：轻视。

⑧ 栎之战：士鲂率军抵御来犯的秦军，两军战于栎，晋军大败。

⑨ "盟于葵丘"记于《春秋·僖公九年》；"狄灭温"记于《春秋·僖公十年》；"楚人伐黄"记于《春秋·僖公十一年》。

⑩ 息肩：让肩头得到休息。这里指在晋悼公霸业的荫庇下，各诸侯国获得了短暂的休养生息的机会。

⑪ 律：约束、要求。

⑫ 荀罃（yīng）：智氏，名罃，字子羽，谥号武，所以又称智武子（又写作知武子）。因智氏出自荀氏，故又多称荀罃。荀罃为晋国八卿之一，是晋悼公复霸过程中的头号功臣。

⑬ 魏绛：姬姓，魏氏，名绛，谥号为庄，故史称魏庄子。为人忠义刚正，富有政治远见。在晋悼公即位之初，提出和戎政策，得到晋悼公的采纳。和戎政策的执行，使晋国有了一个相对安定的外部环境，为晋国的复霸事业提供了良好的保证。

栾魇①，而会戚惑于荀偃、师旷。然骎骎不振，而溴梁之兆见②矣。"无竞维人"③，岂虚语哉。

史料链接：

1.《春秋·襄公十一年》：公会晋侯、宋公、卫侯、曹伯、齐世子光、莒子、邾子、滕子、薛伯、杞伯、小邾子伐郑，会于萧鱼。公至自会。

《春秋·襄公十一年》：冬，秦人伐晋。《左传》注曰：秦庶长鲍、庶长武帅师伐晋以救郑。鲍先入晋地，士鲂御之，少秦师而弗设备。壬午，武济自辅氏，与鲍交伐晋师。己丑，秦、晋战于栎，晋师败绩，易秦故也。

2.《春秋·襄公十二年》：春王二月，莒人伐我东鄙，围台。季孙宿帅师救台，遂入郓。

---

① 栾魇（yǎn）：晋国大夫，旧中军将栾书嫡子，姬姓，栾氏，名魇，谥号为桓，又称栾桓子。栾魇行事专横，所以名声很不好。鲁襄公十四年（公元前559），晋悼公为报栎之战之仇，联合其他十二个诸侯国的军队伐秦。

联军进攻到棫林（在今陕西省泾阳县），秦国仍不肯屈服，主帅荀偃决定继续前进。栾魇不同意荀偃的主张，竟带着自己的部属私自回去了。荀偃无奈，只好全军撤退。此次伐秦，最终无功而返，所以晋国人称之为"迁延之役"，意即因循拖拉无成就的战役。

② 溴（jú）梁之兆见：溴梁，地名。兆：征兆。晋悼公死后次年（公元前557），新君晋平公召各诸侯于溴梁会晤，齐侯不愿亲自来，派大夫高厚来会，然而高厚又在盟会上叛逃。

③ 无竞维人：语出《诗经·周颂·烈文》。竞，强。句意为：强盛莫过于得到贤能的人。

宋皇瑗帅师取郑师于雍丘◎郑罕达
帅师取宋师于岩

题解：《春秋·哀公九年》记："宋皇瑗帅师取郑师于雍丘。"《春秋·哀公十三年》记："郑罕达帅师取宋师于岩。""取"字有将对方全军覆灭（或杀或俘）之意，而两军为战，能将敌方全军覆灭，非用奇谋诡计不能成功。而在古代学者看来，圣人是反对战争的，更加反对使用不仁义、不光明正大的手段的战争。因而《春秋》此两条记载，其价值取向就包含在"取"字中，一来表明了《春秋》作者对于宋、郑两国崇尚诈谋的贬斥倾向，二来也表明这两场战争的不正义，战争动机的可鄙。刘基将此二条记载并列解读，则又解读出了《春秋》作者为什么要反对不仁不义之行，即以不仁不义之行施加于人，人必将以不仁不义的行为施加回来。

列国互用诈以相覆，《春秋》比书之，亦可见出乎己者之反乎己也。夫兵，圣人之所恶也，而况于以诈谋交相倾覆者乎。

我哀公之九年，宋皇瑗帅师取郑师于雍丘。越五年，而郑罕达又帅师取宋师于岩。夫"取"者，悉虏而俘之也。成师以出，而使敌人得尽取之，则败者必有不备不虞之失，而胜者必有出其不意之计。诈谋并作，仁义涂炭，宁不重可怜哉。观《春秋》书宋、郑互相取师之文，可以有所感矣。

先王用三驱而不掩群；君子钓而不纲，弋不射宿。待物且尔，而况人乎。时入春秋，诸侯放恣，干戈相寻①，靡有宁岁②。用诈逞奇，纷纷而莫之禁。以奸宄为仁义，以杀戮为寻常，在王法不可胜诛矣。今郑大夫欲

---

① 相寻：相继。
② 靡有宁岁：没有安宁和平的年份。

外取邑以与嬖人，于是乎有围宋雍丘之举，① 其罪岂不大哉？《春秋》乃舍郑人之围邑，而专著宋人取师之罪，何也？夫敌加于己，自反而有礼焉，② 则修文告以却之，不得则告于天子，请于方伯，必有能伸之者。今也不然，则围郑师于雍丘，日迁舍以合垒，③ 是宋人之志，在于尽割其众，而异于解罔祝禽④者矣，则不仁孰大焉。故《春秋》不书郑之伐宋，而但曰"宋皇瑗帅师取郑师于雍丘"，言"取"，则无一人得脱可知，而郑之悬军深入、自取败亡之罪，亦可见矣。"佳兵，不祥之器"⑤，出乎尔者，必反乎尔矣。不越五载，而郑罕达又以取宋师书于经。夫向巢⑥欲尽平元之族而围岩，⑦ 亦犹郑人之围雍丘也。郑罕达救岩而围宋师，亦犹皇瑗之救雍丘而围郑师也。则郑人之志，亦在于报宋，必欲悉虏而俘之矣。彼以不道施诸我，而我又以不道报之，以怨易怨，当何时而已⑧乎。《春秋》亦不书宋人之伐郑，而但书曰"郑罕达帅师取宋师于岩"，则用诈之罪在郑，而宋之不备不虞、以取丧败之罪，又可知矣。

夫国以民为本。君子之爱民也，如保赤子，不时且不敢使，况以私忿小怨，驱而纳诸陷阱之中，使其肝脑涂地、骨肉离析至此极哉。有伯者作

---

① 郑师之所以会被宋军在雍丘所取，其原因相当荒唐：公元前486年，郑国上卿罕达的宠臣许瑕求取封邑，可郑国已没有地方可以封给他了。许瑕请求取之于外国，罕达答应，所以派兵包围了宋国的雍丘。可是宋国军队及时做出反应，在外围又把郑国军队包围了。罕达前去救援，被打得大败而归。被围郑国军队最终无一能返。

② 意为：敌人侵犯自己时，自己作出的反应要有礼有节。所谓"有礼"的行为则包括下文所说的"修文告以却之"（即给对方发正式文牒，强烈谴责，要求退兵）、"告于天子"、"请于方伯"。

③ 日迁舍以合垒：每天挖沟修筑堡垒，连成合围。

④ 解罔祝禽：罔，通"网"。解开网放鸟禽生路。典出《吕氏春秋·异用》，言汤见捕禽鸟者四面布网，使其网三面，留一面，留禽鸟生路而不尽绝之。后用解罔祝禽形容君王仁惠。

⑤ 语本《老子》"夫佳兵者，不祥之器"。佳兵，晋代王弼注本作"夫佳兵者"，清人王念孙校定为"夫唯兵者"。意为：一切兵器都是不祥之物。

⑥ 向巢：桓氏，宋国大夫，时任宋国左师，又称左师巢。

⑦ 岩本为宋、郑之间的一块空地，两国约定双方都不宣示对空地的主权要求。后宋国内乱后，宋平公、宋元公的族人从萧地逃到郑国。郑国便将他们安置在岩之地，并为他们筑城。公元前483年，宋左师向巢帅师伐郑，杀死宋平公之孙后包围岩城。郑国罕达帅师救援，于次年全歼宋国来犯军队。

⑧ 已：停止。

且不可容，律以春秋之王法，皆当服上刑①矣。抑尝考之春秋之初，书曰"宋人、卫人入郑"，而继之曰"宋人、蔡人、卫人伐戴，郑伯伐取之"，是二国之以诈谋相掩，非一日矣。桓文迭起，而取师之文不见于经，至是乃两见焉，而又出于宋、郑。宋以先代之后作宾王家，②而郑以母弟懿亲蕃屏王室，而坏法乱纪，至于如此，可胜诛哉。

　　呜呼！观宋殇、郑庄于春秋之始，而知天下之无王，观宋皇瑗、郑罕达于春秋之终，而知天下之无伯，始而诸侯，终而大夫，又可以言世变矣。

史料链接：

　　1.《春秋左传·哀公九年》：郑武子縢之嬖许瑕求邑，无以与之。请外取，许之，故围宋雍丘。宋皇瑗围郑师，每日迁舍，垒合，郑师哭。子姚救之，大败。二月甲戌，宋取郑师于雍丘，使有能者无死，以郑张与郑罗归。（杨伯峻：《春秋左传注》，第四册，第1652页。）

　　2.《春秋左传·哀公十二年》：宋、郑之间有隙地焉，曰弥作、顷丘、玉畅、嵒、戈、锡。子产与宋人为成，曰："勿有是。"及宋平、元之族自萧奔郑，郑人为之城嵒、戈、锡。九月，宋向巢伐郑，取锡，杀元公之孙，遂围嵒。十二月，郑罕达救嵒。丙申，围宋师。（杨伯峻：《春秋左传注》，第四册，第1673页。）

　　《春秋左传·哀公十三年》：春，宋向魋救其师。郑子縢使徇曰："得桓魋者有赏。"魋也逃归，遂取宋师于嵒，获成讙、郜延。以六邑为虚。（杨伯峻：《春秋左传注》，第四册，第1675—1676页。）

---

　　①　服上刑：上刑，重刑。受重刑处罚。《孟子·离娄上》："善战者服上刑。"赵岐注云："上刑，重刑也。"

　　②　宋为子姓国，商王之后，位列三恪。周代商而立，为彰显仁义，周公封商纣王庶兄微子启于商丘，国号宋。故曰"作宾王家"。

仲孙羯会晋荀盈云云城杞◎晋侯使士鞅来聘◎杞子来盟

题解： 公元前544年，在晋平公的号召下，鲁、齐等十国大夫前往杞国，为杞国修筑城池。晋平公之母为杞国人，今晋国以霸主国的身份令鲁国等十国为杞国筑都城，有徇私之嫌。其后为感谢鲁国为杞筑都城，晋平公又专门派大夫士鞅到鲁国访问，又有失霸主身份。而杞国君主不考虑在国内勤政治国，自力更生，却倚仗晋国的力量筑城、重获失地；又因鲁国助其筑城、返其土地，得到利益后欣欣然来求盟，一点国家的尊严都没有。刘基将这三事并列解读，贬责晋平公行事无当，洞见晋国霸业衰颓、国家覆亡的原因。

伯主以天下私其亲，故命使施礼①为可鄙，而屈身要信②为可贱也。夫惟义可以率人③，苟以其私，则无以令与国矣。

今晋之平公以杞出之故，合十二大夫④而城杞，役诸侯以私其母家，罪莫大焉。是故既城之后，而使士鞅来聘，来聘所以拜城杞也。未几而杞子又以来盟至鲁，来盟所以拜杞田⑤也。比事以观，则其以不义动人、而

---

① 命使施礼：即晋平公派士鞅到鲁国访问。

② 屈身要信：低三下四去求得别人的信任。

③ 率人：统率、领导别人。

④ 十二大夫：依《春秋左传》，此次筑城包括晋国在内共是十一国，不是十二国；依《春秋穀梁传》和《春秋公羊传》，则是十二国，比《左传》多出邾国。刘基依《穀梁》和《公羊》。

⑤ 拜杞田：拜谢鲁国归还以前所夺取的杞国土地。据《左传》，士鞅来访之后，晋平公又叫司马侯女齐来鲁，要鲁公归还杞国土地，鲁国应求归还了一部分。晋要求鲁归还杞国土地，应也是晋平公母亲之意。

有不慊于心者①可知矣。然则晋之失伯，不亦宜哉！

夫伯者，所以合诸侯而匡天下也。苟以德命，谁敢不从。是故齐桓公以诸侯之师城邢封卫②，天下翕然以存亡继绝之美归齐，不闻桓公之遣使以谢诸侯，而亦不闻邢侯、卫侯之亲往结盟于诸侯也。而邢迁如归，卫国忘亡，其功为何如哉。惟其心在于公义，而非为私也。今晋侯以奕世③之伯，号令诸侯，非弱于齐也。而城杞之后，仆仆焉来聘、来盟之不暇，宁不可鄙贱哉？何以言之。晋平之母，杞女也。杞于是时，非有外患如邢、卫之在齐桓时也，德则不竞，而介于大国，以劳诸侯。夫诸侯者，天子之诸侯也，非晋国之役也。昔者平王不抚其民而戍母家，诗人有"束薪、蒲、楚"④之刺，君子伤之，而况于晋乎。今晋臣彪⑤不恤周宗之阙⑥，而夏肆是屏，⑦于是乎合十二国之大夫，勤版筑于东楼之杞。文之伯也，未至改物，何以有此⑧？弃同即异⑨，不仁；役人以私，不义。不义不仁，何以为伯主？当时鲁、郑大夫有甚乎之叹，而不敢违也，则天下皆知其不当为。而晋亦自知其不可矣，城杞之役甫旋，而士鞅之聘踵至。

---

① 不慊于心者：慊，快心、满意。内心感到歉疚的。《孟子·公孙丑上》云："行有不慊于心，则馁矣。"

② 城邢封卫：公元前 660 年，赤狄侵犯卫国，卫懿公战死，国都被毁。幸存的卫臣立公子毁（即卫文公）为君，迁卫国之民于漕邑。当时身为霸主的齐桓公非常同情卫国，大力支持卫国新君，派士卒戍卫卫国君民，又号召诸侯出力在楚丘为卫国营造新都，使遭遇不幸的卫国得以重建。此即"封卫"。公元前 659 年，狄人又侵邢国。齐桓公鉴于狄侵卫未救而几乎致使卫国灭亡，便联合宋、曹等国发兵相救，师至而邢都已被狄人攻占。齐桓公率师击退狄人，拥立逃奔出来的邢君，为其在夷仪这个地方营造新都。此即"城邢"。城邢封卫二事，齐桓公尽现救患分灾之道，尽到了霸主的职责，为齐桓公赢得了许多美名。

③ 奕世：累世，代代。《国语·周语上》："奕世载德，不忝前人。"

④ 《诗经·王风·扬之水》一诗，诗中有"扬之水，不流束薪""扬之水，不流束楚""扬之水，不流束蒲"三句。《王风·扬之水》是一首言戍卒思归的诗。汉代学者郑玄认为，此诗乃讽刺周平王，怨平王恩泽不行于民，而久令屯戍不得归；而所戍之地为平王母家申国，因迫近强楚，数被楚侵伐，平王由是戍之。刘基此处系于此诗采郑玄说法。

⑤ 晋臣彪：晋平公名彪。"晋臣彪"这种称呼是从周天子的角度来说，且不称晋侯爵位，有贬晋平公之意。

⑥ 周宗之阙：周宗，周室。阙，衰弱。

⑦ 夏肆是屏：就是屏夏肆之意。屏，保护、维护。夏，夏朝。肆，馀。夏肆即夏朝的后代。周初周王为显示仁义宽宏之道，寻夏代后裔，得东楼公，封之于杞，由是建国。

⑧ 何以有此：（晋平公）为何做出这种事情？

⑨ 弃同即异：晋、郑、鲁、卫是姬姓，同是周王室支系；杞为姒姓。今晋侯不顾诸侯劳苦，为杞国筑城，故言其"弃同即异"。

谓区区礼文①之末，可以盖其愆而收诸姬之心乎？则其鄙也，不待贬而自见矣。既成其国，又治其田，使晋命之出于公，鲁何敢不尽归乎？② 今瘠鲁以肥杞③，乃以卿大夫相继于朝④，府无虚月⑤之故，则晋之所以令诸侯者，利而已矣。来盟以固归田，而以国君亲其事，且不守中华之礼，而用夷俗焉。夫以土田之故，亲辱于人，是徇利也；以先代之后，而变于夷，是弃礼也。礼亏利胜，其能国乎？呜呼！晋以城杞之故而来聘，杞以得地之故而来盟，则伯主之所以为伯主，杞子之所以为诸侯，⑥ 皆可知矣。

《春秋》于"城杞"，则列序十二大夫，以著其动众之罪，而继之以"晋侯使士鞅来聘"，又继之以"杞子来盟"，杞称"子"，贱之也。盖尝考于斯时，天下甚多故也。吴、楚交政于中国，此何时耶。平公举七世之伯业，一朝付之于楚，自谓可以奠枕而居⑦矣，不知于虢之会，再读旧书；⑧ 于申之役，楚主中夏。⑨ 他日"将通少习"之言一出，而执戎蛮子赤归于楚，如事天子然。⑩ "谁生厉阶，至今为梗。"⑪ 蛮夷侮其外，而大

---

① 礼文：礼节仪式。

② 假如晋侯的命令是出于公正、公道的考虑，鲁公又如何敢不把所取之杞地完全归还呢？刘基这里解释了为什么鲁国只返还了杞国一部分土地。

③ 瘠鲁以肥杞：瘠，使贫瘠；肥，使壮大。将鲁国取得的土地交还给杞国，是削弱鲁国壮大了杞国。

④ 卿大夫相继于朝：言鲁于晋不绝聘问之礼。

⑤ 府无虚月：府，贮藏财货的府库。"府无虚月"意即每月都准时交纳贡赋。

⑥ 伯主之所以为伯主，杞子之所以为诸侯：晋平公以什么准则来做霸主，杞君以什么样的准则来当周天子的诸侯。

⑦ 奠枕而居：安枕而卧。

⑧ 虢之会发生于公元前 541 年，为会的目的是重申公元前 546 年宋之会（史称弭兵之会，由宋国发动，当时十四个主要的国家都参与了，为会的目的是消除国家间无休止的兵伐征战）和平共处的精神。然而宋之会晋国代表赵武为了让楚国受盟约约束，不再随意发动战争，退步让楚国先盟。古代盟誓，盟誓的先后是有讲究的，先盟代表身份地位高，后盟者则次之。"再读旧书"意即虢之会又照宋之会盟誓顺序，楚国又在晋国之先。

⑨ 申之役：申，地名，在今河南南阳市北。申之役即申之会。公元前 538 年，楚灵王与蔡侯、陈侯、郑伯等共十三国诸侯在申地盟会。杜预言："楚灵王始合诸侯。"

⑩ 公元前 491 年，楚国打败了叛楚的蛮夷夷虎部后，便顺势向北扩张，彻底击溃戎蛮。戎蛮王赤逃到晋国阴地。楚军遣使告晋，要其交出在阴地避难的赤，"不然，将通于少习以听命"。少习，即少习山，战略要地，打通少习山便可以威胁晋都。所以"将通少习"是武力威胁之语。晋国畏楚强大，唯楚命是听，设局擒获戎蛮子赤，交予楚国处置。

⑪ 语出《诗经·大雅·桑柔》。梗，比喻灾害。句意为：是谁种下这祸乱根源，至今化作灾害害人。

臣叛其内，晋国卒剖而为三，则皆平公之罪矣。城杞之役，可胜叹哉！

史料链接：

《春秋左传·襄公二十九》：晋平公，杞出也，故治杞。六月，知悼子合诸侯之大夫以城杞，孟孝伯会之。郑子大叔与伯石往。子大叔见大叔文子，与之语。文子曰："甚乎！其城杞也。"子大叔曰："若之何哉？晋国不恤周宗之阙，而夏肆是屏。其弃诸姬，亦可知也已。诸姬是弃，其谁归之？吉也闻之，弃同即异，是谓离德。《诗》曰：'协比其邻，昏姻孔云。'晋不邻矣，其谁云之？"

……范献子来聘，拜城杞也。公享之，展庄叔执币。射者三耦，公臣不足，取于家臣。家臣，展瑕、展玉父为一耦。公臣，公巫召伯、仲颜庄叔为一耦，鄙鼓父、党叔为一耦。

晋侯使司马女叔侯来治杞田，弗尽归也。晋悼夫人愠曰："齐也取货。先君若有知也，不尚取之！"公告叔侯，叔侯曰："虞、虢、焦、滑、霍、扬、韩、魏，皆姬姓也，晋是以大。若非侵小，将何所取？武、献以下，兼国多矣，谁得治之？杞，夏余也，而即东夷。鲁，周公之后也，而睦于晋。以杞封鲁犹可，而何有焉？鲁之于晋也，职贡不乏，玩好时至，公卿大夫相继于朝，史不绝书，府无虚月。如是可矣，何必瘠鲁以肥杞？且先君而有知也，毋宁夫人，而焉用老臣？"

杞文公来盟。书曰"子"，贱之也。（杨伯峻：《春秋左传注》第四册，第 1158—1161 页。）

楚人伐黄◎楚人伐徐◎公至自会

题解： 公元前649年，楚国侵犯黄国，当时的霸主齐桓公坐视不管，黄国遂于次年被楚国灭亡。不久，楚国进而染指齐国的邻国徐国，其势像是不达主霸中原的目的便不停止。公元前645年，鲁僖公参加齐桓公主持的牡丘之会回到鲁国，祭告祖庙，《春秋》记云"公至自会"。然而齐桓公在位期间，鲁公与齐桓公多次盟会，但《春秋》此前从未记载鲁公从某次盟会上归来告庙。宋朝学者胡安国《胡氏春秋传》言："桓公之会不'至'，'至'此始书，桓德衰矣。"胡安国之意，牡丘之会，齐桓公霸业衰退之势已现，故《春秋》特地书"至"以记之。刘基将此三条经文并列解读，勾描出齐桓公霸业大成之后，则现倦怠之心，忘记了霸主尊王攘夷、救患分灾的职责，最终霸业衰败的历史线条。

外患自远而至近。《春秋》危望国以见伯业之衰也。夫华夷之势不两立，伯业衰，则夷狄强矣。

当齐桓之暮年，楚人伐黄[①]而公不救，然后楚复伐徐。夫黄，远国；而徐在山东，与齐为邻，非"外患自远而至近"乎？是以牡丘之盟[②]，《春秋》始书"公至自会"[③]，而桓德之衰，与国皆有可危之势，于是因

---

① 黄，嬴姓国，其都城在今河南潢川县西北。鲁僖公十一年（公元前649），楚国侵略黄国，次年将黄国灭亡。

② 牡丘之盟：牡丘之盟由齐国主持，一为追随葵丘之盟的精神（即各诸侯团结在齐桓公的领导下，尊王攘夷、互助互济），二为救正被楚侵犯的徐国。诸侯救徐之师虽出，然楚军还是在该年冬天在娄林重创徐国军队。

③ 公自至会：国君外出归来到祖庙祭告曰"自至"。僖公牡丘之盟回国，祭告祖庙。

鲁以见其余也。楚之为中国患久矣。东迁以来，僭号称王，① 凭陵上国，尚赖齐桓创伯，以攘夷安夏为己任，是以有次陉之役，而中华之势复振，抑何幸也。奈何葵丘既会，震矜②遂生，一念之怠，前功遽废。使强夷得以忖度其心，而前日相与周旋③之国悉蒙其患。自远以及于近，岂不駸駸乎剥床及肤④也哉。观《春秋》危公之意，亦可惧矣。且夫黄自贯泽受盟于齐，⑤ 于是有阳谷之会⑥，相为掎角⑦，以牵制楚人之肘腋。用⑧能致屈完之来盟，则黄实有功于齐也。今楚人敢兴兵以伐黄，无乃讨其前日从齐之故与。黄以从齐见伐于楚，则楚师之起，乃所以尝齐也。齐既视黄而不救，然后浸淫而及徐，鸣钟击鼓，将问徐以何罪？不过为其附齐而取舒也。借曰黄远国也，虽鞭之长，不及马腹，徐在齐之宇下，可不被发缨冠而往救之乎。始之伐黄，则置而不恤；继之伐徐，则救而不亟，则桓公之不竞、不足庇与国可知矣。是故《春秋》凡桓公之盟会皆不书"至"，安之也；至于牡丘之盟，始书"公至自会"。夫楚之患，自黄而及徐矣。徐之去鲁不远也，辅车相依，唇亡齿寒，宁不有无厌及我之患乎？呜呼！岂独鲁也。天下之从齐者，莫不岌岌乎殆矣。《春秋》鲁史，故"至"公以著其危，而他国从可知焉。

《商书》曰："靡不有初，鲜克有终。"⑨ 吾于桓公见之矣。厥后公卒

---

① 据《史记·楚世家》，公元前704年，楚君熊通向周桓王要求同意他称"王"，周桓王不答应，熊通便自立为"王"，是为楚武王。当时，诸侯国中，虽不乏国力强劲者，但敢称"王"者亦只有楚国。

② 震矜：骄傲自得。《春秋公羊传·僖公九年》："葵丘之会，桓公震而矜之，叛者九国。震之者何？犹曰振振然。矜之者何？犹曰莫若我也。"

③ 周旋：这里是交往的意思。

④ 剥床及肤：原指损害及于肌肤。后形容严重的灾害或深切的痛苦。

⑤ 公元前658年，齐桓公在贯泽（今山东省曹县南）召开盟会，江、黄两个楚国的从属国前来归服。

⑥ 阳谷之会：阳谷，地名，旧地在今山东阳谷北。阳谷盟会发生于公元前657年，因去年贯泽之会江、黄两国归服，所以今年齐桓公又召宋、江、黄三国在阳谷再盟会，计划如何讨伐楚国。

⑦ 相为掎角：互相呼应，分头牵制对方。掎，通"犄"。

⑧ 用：效果、作用。

⑨ 靡不有初，鲜克有终：初，起始。鲜，少。克，能够。意为：事物都有个开头，但能够坚持到最后的却很少。"靡不有初，鲜克有终"出自《诗经·大雅·荡》，而非出自《尚书》。《尚书·商书·仲虺之诰》云："慎厥终，惟其始。"孔安国注曰："靡不有初，鲜克有终，故戒慎终，如其始。"刘基大概将《尚书》原文与注文误混。

未几，而楚遂至其国都，以盟鲁、郑、陈、蔡；① 越八年而以师伐齐，取谷。② 至是则盟贯取舒，进次于陉之憾，悉报无遗。③ 呜呼！向使桓公敦不息之诚④，当楚人伐黄而振旅焉，天下事岂至此也？或者⑤谓桓公初致江、黄之时，管敬仲尝有言矣，桓公不从，而卒贻祸于二国。⑥ 吁！仲之言是也，而未知道⑦也。使其能引公以正心修身而行王道，则岂无"自彼氐羌，莫敢不来享，莫敢不来王"⑧ 之遗事乎？而仲不能也。使小国贤君欲自援于蛮夷之污，而不克遂其志，君子盖深伤之。不然，仲之器⑨不小矣。

史料链接：

1. 《春秋·僖公二年》：秋九月，齐侯、宋公、江人、黄人盟于贯。《左传》注：秋，盟于贯，服江、黄也。（杨伯峻：《春秋左传注》，第一册，第 283 页。）

2. 《春秋·僖公三年》：秋，齐侯、宋公、江人、黄人会于阳谷。《左传》注：秋，会于阳谷，谋伐楚也。（杨伯峻：《春秋左传注》，第一

---

① 指公元前 641 年（齐桓公死于公元前 643 年），鲁、陈、蔡、楚诸国以"勿望齐桓之德"的名义在齐国结盟。终齐桓公在位期间，齐、楚都处于对抗状态，此时齐桓公刚去世不久，楚国竟不远万里跑到齐国结盟，其图霸中原的野心昭然若揭。

② 谷，齐国地名，在今山东省东阿县旧治地。公元前 634 年，齐国接连两次侵犯鲁国，鲁国不胜其扰，请楚国出师伐齐。楚国应鲁君之求，出师伐齐，攻占了齐国的谷地。楚国把曾与齐孝公争君位的公子雍安置在谷地，以牵制齐国。此役之后，齐桓公的七个儿子甚至外逃到楚国，楚国将他们列为大夫。至此，齐、楚之间的对抗，以楚国的压倒性胜利暂时告一段落。

③ 齐国等诸侯国盟贯取舒，驻兵于径都是针对楚国的行动，"悉报无遗"就是说楚国在公元前 634 年伐齐取谷之战，把以前所有的仇都报了之意。

④ 敦不息之诚：督促、勉励。息，停止。《中庸》"至诚无息"，即言终极的诚是没有止息的。"敦不息之诚"即勉励自己自始至终都保持真正的诚意。

⑤ 或者：与"或"同，意为有的人。

⑥ 管敬仲，即管仲，名夷吾，谥号敬仲。《春秋公羊传·僖公十一年》："贯之盟，管仲曰：'江、黄远齐而近楚，楚为利之国也。若伐而不能救，则无以宗诸侯矣。'"即言江、黄远齐而近楚，如若被楚侵犯，齐国不能救，这样不仅会让江、黄两国受难，还会损害齐国的声威。齐桓公不听，仍与江、黄结盟，结果致公元前 648 年黄被楚灭。而江国则在公元前 623 年被楚灭。

⑦ 未知道：不能使人了解并接纳。

⑧ 《诗·商颂·殷武》有云："昔有成汤，自彼氐羌，莫敢不来享，莫敢不来王，曰商是常。"言商朝建立者使远方的氐羌来归服之事。享，贡献、进贡。王，朝见王。

⑨ 器：才能。

册，第 286 页。)

3. 《春秋左传·僖公十一年》：黄人不归楚贡。冬，楚人伐黄。(杨伯峻：《春秋左传注》，第一册，第 337 页。)

4. 《春秋·僖公十五年》：春王正月，公如齐。楚人伐徐。三月，公会齐侯、宋公、陈侯、卫侯、郑伯、许男、曹伯盟于牡丘，遂次于匡。公孙敖帅师及诸侯之大夫救徐……九月，公至自会。(杨伯峻：《春秋左传注》，第一册，第 349—350 页。)

《春秋左传·僖公十五年》：春，楚人伐徐，徐即诸夏故也。三月，盟于牡丘，寻蔡丘之盟，且救徐也。孟穆伯帅师及诸侯之师救徐，诸侯次于匡以待之。

……

冬，……楚人败徐于娄林。(杨伯峻：《春秋左传注》，第一册，第 350 页。)

吴入郢◎於越入吴◎公会晋侯及吴子于黄池◎於越入吴[①]

题解：公元前506年，吴国攻陷楚国国都郢，楚王外逃。正当吴国军队上下正流连楚宫时，越王句践趁吴国国内空虚，帅师进犯吴国。公元前482年，吴国与中原诸侯会盟于黄池。正当吴王夫差与晋定公在关于谁先歃盟的问题上争执不下时，越王句践又趁机入侵吴国。刘基将《春秋》此二事列为一题，一叹"以力胜人者，人亦以力胜之"，吴国黩武，醉心于用武力迫使人屈服，最终亦亡在越国的甲兵之下；二叹中原霸主不争，诸侯无力，不知谨守夷夏之大防，任由吴、越之夷国在春秋后期肆行无忌。

强国每逞力于外，而不虞敌人之乘其后，观《春秋》书吴之事，亦可以为戒矣。方吴之败楚而入郢也，师犹在楚，而於越乘虚以入吴，亦可警矣。至于黄池之会，方与晋侯争长[②]，何不虞於越之又入其国耶。《春秋》始书"於越入吴"于"吴入郢"之后，再书"於越入吴"于"公会晋侯及吴子于黄池"之后，则其虚内事外、阻兵安忍之效，岂不深切著明也哉。

尝谓以力胜人者，人亦以力胜之，此理之必然也。春秋之季[③]，吴

---

① 郢，楚国都城。"於越入吴"之"於"为发声词，无实义。黄池，地名，位于河南省封丘县西南。黄池之会发生于公元前482年。

② 争长：争歃血之先后。吴王夫差与晋定公争先的结果，各史籍记载不一，《左传》及《史记·吴太伯世家》言晋定公胜出；而《国语·吴语》《史记·赵世家》则言吴王夫差胜出。

③ 春秋之季：春秋后期。季，末了。

国，天下莫强焉①。长岸、鸡父之战，②灭巢、③灭徐④之文，经不绝书，犹曰以蛮夷而攻蛮夷也。及其胜楚，则遂及齐，而及鲁、及晋，若火之燎于原，不可向迩⑤，自以为莫能敌己，不知祸乱相寻，罔有纪极⑥，东南又生一越，为其腹心之患。一之已甚，而至于再，姑苏之栖⑦兆矣，岂不可为陵人而不顾己者之大戒哉。自今观之，吴乘楚之得罪于中国而伐之，虽曰因以复怨，犹有名也。至于五战而造其国都，系累其人民，鞭挞其冢墓，⑧君居其君之寝，大夫处其大夫之室，弃约肆淫，恣行无忌，暴横未有甚于此矣。方且扬扬然自以为得志也，不思国内空虚，而於越之兵捣其不备，入其巢穴，如造无人之境，无乃出乎己者之反乎己也乎。《春秋》书"吴入郢"，而继之以"於越入吴"，比事以观，可谓深切著明矣。吾意吴人为是恐惧而警省也，岂意夫胜齐伐鲁之后，复驾晋而争伯，黄池有会，方将逞其枭雄，以长上国，不知勾践之又蹑其后也。死灰燃于会稽，⑨而太子毙于姑蔑，所得几何？不足以偿所丧。《春秋》书"公会晋侯及吴子于黄池"，而又继之以"於越入吴"，何其蒙患于前，而又不戒于后也？

　　呜呼！吴以力胜楚，而越又以力胜之；吴以强陵晋，而越又以强陵

---

　　①　莫强焉：焉，兼词，"于之"之意。没有强过它（吴国）的了。

　　②　公元前525年，吴国与楚国的军队战于长岸，双方互有胜负。公元前519年，吴国军队进攻州来，楚国及楚国从属的军队前往相救，双方战于鸡父。吴国用计挫败了五个楚国从属国的军队，楚军连阵势都没摆开就跟着混乱不堪的属国军队逃跑了。

　　③　吴灭巢在公元前518年。巢为殷商旧国，今安徽省巢县有居巢城旧址，当是古巢国国都城。

　　④　吴灭徐在公元前512年。楚曾派兵救徐，但没有来得及救。

　　⑤　不可向迩：迩，近。不可以靠近。

　　⑥　罔有纪极：没有穷尽。《左传·文公十八年》："聚敛积实，不知纪极。"

　　⑦　姑苏之栖：《史记·越王勾践世家》云："而越大破吴，因而留围之三年，吴师败，越遂复栖吴王于姑苏之山。"言越王勾践灭吴之详情，故由《史记》推断，"姑苏之栖"即借言吴国亡国。

　　⑧　《史记·吴太伯世家》："而吴兵遂入郢。子胥、伯嚭鞭平王之尸，以报父仇。"伍子胥、伯嚭本都是楚国臣子，遭楚国迫害，逃亡到吴国，均受吴王重用。此次吴国伐楚，能直接攻下楚国的国都，伍子胥及伯嚭功劳很大。

　　⑨　起先，吴王夫差在夫椒之战中大败越王勾践。战败后勾践愿向吴王称臣，并进献财物美女，请吴王夫差允许他带少数兵士住在会稽山上。吴王战败夫差后，非常自得，遂答应勾践的请求。后勾践卧薪尝胆，以会稽为基地，以当初留在身边的甲士为主力，成功复仇吴国。故称"死灰燃于会稽"。

之：天道好还①，岂不信哉？阖闾之时，犹曰不备不虞而已矣，若夫差，何其愚耶。《春秋》因事而比书之，垂戒②之意远矣。是故观入郢而会黄池，宜吴之盛也。③ 而"於越入吴"，败亦随之，譬之蛇豕蹢躅④，卒以自偾⑤，不亦可哀也哉。虽然，吴不足论也，吾于此而为中国诸侯悲也。当入郢之时，特以晋不救蔡，而吴得假之以为功。⑥ 吴兴而晋遂失伯，檇李一败，⑦ 北向之图稍辍，而诸侯莫之省也。齐、卫方助叛臣以挠晋，⑧ 鲁方有事于邾，⑨ 而晋则惟纳蒯聩⑩、伐鲜虞⑪之是务也，而皆不以吴为忧，遂使伐陈、会鲁，势焰大炽，而齐、晋大国，俱受其患，庸非自致之耶？然后吴、越争衡，而春秋终矣，其可叹也夫。

史料链接：

1.《春秋·定公四年》：冬十有一月庚午，蔡侯以吴子及楚人战于柏举，楚师败绩。楚襄王出奔郑。庚辰，吴入郢。

---

① 天道好还：天道，天理；好，常常会；还，回报别人。指天可主持公道，善恶终有报应。

② 垂戒：垂示警戒。

③ 黄池之会，吴王与晋定公公然争霸主之位，标志着吴国霸业达到巅峰。

④ 蛇豕蹢躅：蛇，长蛇。豕，大猪。蛇豕均指贪婪有害之物。蹢躅，以足用力踏地，表示狂躁的样子。贪婪而狂躁，则必致灭亡。

⑤ 自偾（fèn）：偾，死。自毙。

⑥ 公元前506年，晋国因沈国未参加召陵之会，叫蔡国去讨伐沈国，沈国由是被灭。此年秋，楚国以蔡灭沈为由，包围蔡国都城。蔡国被围，晋不派人救援，蔡国无奈投向楚国的敌国吴国。此年冬，蔡国跟随吴国攻楚，直下楚国郢都。故吴国伐楚入郢有救蔡之实。

⑦ 檇（zuì）李一败：公元前496年，吴国和越国战于檇李，吴军大败。吴王阖闾受伤，随后病死，其子夫差即位。吴国因此在对外行动中有小段时间相对保守。

⑧ 鲁哀公元年（公元前494），齐、鲁、卫、鲜虞联合伐晋，《左传》言："齐侯、卫侯会于乾侯，救范氏也。师及齐师、卫孔圉、鲜虞人伐晋，取棘蒲。"可知，"叛臣"即是范氏。范氏为晋国大族，于鲁定公十三年（公元前497）发动叛乱，失败，被讨伐。

⑨ 鲁国于鲁哀公元年（公元前494）和鲁哀公二年（公元前493）两次伐邾。《左传·哀公二年》："春，伐邾，将伐绞。邾人爱其土，故赂以淳阜、沂之田而受盟。"大概邾国两次受鲁国讨伐是不愿与鲁国为盟。

⑩ 蒯聩：卫灵公之子，与卫灵公夫人南子有仇。蒯聩欲谋杀南子，事败逃到晋国，由赵氏庇护。公元前493年，卫灵公去世，卫出公即位。赵简子此时欲把蒯聩送回卫国（实则想让蒯聩即位），受到卫国军队抵抗而没有成功。蒯聩后来在卫国发动政变，逐卫出公，即位为卫君，是为卫庄公。

⑪ 公元前489年，晋国赵鞅帅师伐鲜虞，因为鲜虞阻扰晋国平范氏之乱并收容晋国叛臣。

《春秋左传·定公四年》：冬，蔡侯、吴子、唐侯伐楚。舍舟于淮汭，自豫章与楚夹汉。左司马戌谓子常曰："子沿汉而与之上下，我悉方城外以毁其舟，还塞大隧、直辕、冥阨，子济汉而伐之，我自后击之，必大败之。"既谋而行。武城黑谓子常曰："吴用木也，我用革也，不可久也。不如速战。"史皇谓子常："楚人恶而好司马，若司马毁吴舟于淮，塞城口而入，是独克吴也。子必速战，不然，不免。"乃济汉而陈，自小别至于大别。三战，子常知不可，欲奔。史皇曰："安，求其事；难而逃之，将何所入？子必死之，初罪必尽说。"

十一月庚午，二师陈于柏举。阖庐之弟夫概王晨请于阖庐曰："楚瓦不仁，其臣莫有死志，先伐之，其卒必奔。而后大师继之，必克。"弗许。夫概王曰："所谓'臣义而行，不待命'者，其此之谓也。今日我死，楚可入也。"以其属五千，先击子常之卒。子常之卒奔，楚师乱，吴师大败之。子常奔郑。史皇以其乘广死。吴从楚师，及清发，将击之。夫概王曰："困兽犹斗，况人乎？若知不免而致死，必败我。若使先济者知免，后者慕之，蔑有斗心矣。半济而后可击也"，从之。又败之。楚人为食，吴人及之，奔。食而从之，败诸雍澨。五战及郢。

己卯，楚子取其妹季芈畀我以出，涉睢。针尹固与王同舟，王使执燧象以奔吴师。

庚辰，吴入郢，以班处宫。子山处令尹之宫，夫概王欲攻之，惧而去之，夫概王入之。　（杨伯峻：《春秋左传注》，第四册，第1542—1545页。）

2.《春秋·定公五年》：於越入吴。《左传》注曰：越入吴，吴在楚也。

3.《春秋·哀公十三年》：夏……公会晋侯及吴子于黄池……於越入吴。

《春秋左传·哀公十三年》：夏，公会单平公、晋定公、吴夫差于黄池。

六月丙子，越子伐吴，为二隧。畴无余、讴阳自南方，先及郊。吴大子友、王子地、王孙弥庸、寿于姚自泓上观之。弥庸见姑蔑之旗，曰："吾父之旗也。不可以见仇而弗杀也。"大子曰："战而不克，将亡国。请待之。"弥庸不可，属徒五千，王子地助之。乙酉，战，弥庸获畴无余，地获讴阳。越子至，王子地守。丙戌，复战，大败吴师。获大子友、王孙弥庸、寿于姚。丁亥,入吴。吴人告败于王,王恶其闻也,自刭七人于幕下。

秋七月辛丑盟,吴、晋争先。吴人曰:"于周室,我为长。"晋人曰:"于姬姓,我为伯。"赵鞅呼司马寅曰:"日旰矣,大事未成,二臣之罪也。建旗整列,二臣死之,长幼必可知也。"对曰:"请姑视之。"反,曰:"肉食者无墨。今吴王有墨,国胜乎?大子死乎?且夷德轻,不忍久,请少待之。"乃先晋人。吴人将以公见晋侯。(杨伯峻:《春秋左传注》,第四册,第 1676—1678 页。)

公子结媵陈人之妇于鄄，遂及齐侯、宋公盟◎齐人、宋人、陈人伐我西鄙

题解： 公元前675年，陈国人娶鄄地的女子为妻，鲁国大夫公子结亲自将自己的女儿送去陪嫁。出鲁国国境后，公子结又听说齐桓公要与宋桓公结盟，遂自作主张地跑去参加。此年冬，齐国、宋国、陈国的军队联合进攻鲁国西部边境。宋儒胡安国言"陈人，微者"，意为陈国娶妻之人身份卑微；而《春秋》又说"公子结"，则表明结为鲁公之子，身份尊贵。刘基将此二事并列，一责公子结自轻失礼和以下犯上；二责齐侯、宋公知公子结参盟于礼不合，却不制止，既盟后则又责怪公子结和鲁国，背弃盟约，兴兵伐鲁，伤及无辜，毫无霸主风范和望国仁义。

大夫越礼以生事，而贻患于其国，《春秋》据事直书而自见矣。

夫失己失人，寇①之招也。今公子结以国卿下媵陈人之妇，既失己矣；媵妇之后，遂专事，以及齐侯、宋公盟。公、侯岂大夫之敢敌乎。是以牲歃徒陈②，而反以致三国之伐，然后生事病国之祸见矣。结可责也，而齐侯、宋公亦不得免焉。古者大夫之出疆也，受命而不受词③，有可以安社稷、利民人者，专之可也。未闻专命而非礼以致患者也。夫人必自侮④，然后人侮之，国必自伐，而后人伐之，皆由己以致之。况于己为大夫，固当使其君安富尊荣⑤，而民无侵陵之患也。今一举而害及其国，其

----

① 寇：侵略者，敌人。
② 牲歃徒陈：徒陈，说空话。牲歃徒陈意即盟誓之辞沦为空谈。
③ 受命而不受词：受词，接受国君用明确的话语交代什么当做，什么不当做。"受命不受词"就是受到做某事的命令，但没有受交代应该怎么做或是如何应变。
④ 侮：轻慢、欺负。
⑤ 安富尊荣：安定富足，尊贵荣华。

罪岂不大哉？是故公子结者，鲁之卿也，媵妇浅事，非大臣之当亲①。今乃纵其私情，去国逾境，以媵微者之妇，则以尊而临卑，紊上下之分矣。彼齐侯者，太师之胤，尊为东州之方伯；宋公者，先代之后，爵为天子之上公；夫岂列国大夫所可敌哉？今结也因媵妇之行，遂及二君为盟焉。夫盟者，有②国之大事也。乃不禀命于君而专之，外有以卑抗尊之罪，而内有以臣专君之恶，一举而二罪并焉，其可乎哉。他日西鄙之伐，辱国殄民，果谁之所致乎。则结之罪不可逃矣。是故媵妇浅事不当书，而《春秋》特书曰"公子结媵陈人之妇于鄄"。陈人，微者，既见其重以失己矣；而继之曰"遂及齐侯、宋公盟"，"遂"者专词，"及"者所欲，又见其轻以失人也。至于西鄙之师，而书曰"伐"，见三国之有词于伐③也。

　　然则三国义乎？曰鲁则失矣，三国亦岂义哉！夫以伯主之严，上公之重，谁得而犯之。蕞尔大夫而求盟，其从其否，④诚在我耳。训之以礼义，道之以名分，不与之盟可也，执而治之可也，何至以二大国之君，俯首与之共歃。既歃之后，而以兵刃临之。夫抗尊求盟者，公子结也，西鄙之民何罪？慢鬼神⑤而食话言，虐无辜以黩威武，不义甚矣！吾尝观乎文公之经，有曰："季孙行父会齐侯于阳谷，齐侯弗及盟。"⑥夫以商人之不义，且能却大夫之请，何桓公乃不能慎之于始而悔之于终乎？然则结也不足责也，齐为伯主，于是乎有惭德矣。

史料链接：

　　《春秋·庄公十九年》：春王正月。夏四月。秋，公子结媵陈人之妇于鄄，遂及齐侯、宋公盟。夫人姜氏如莒。冬，齐人、宋人、陈人伐我西鄙。（杨伯峻：《春秋左传注》，第一册，第209—210页。）

　　《胡氏春秋传》：媵，浅事。陈人，微者。公子往焉，是以所重临乎

---

① 亲：亲力亲为。
② 有：助词，无实义，相当于词缀，在古文中常用。如《诗经·小雅·巷伯》："豺虎不食，投彼有北。"
③ 有词于伐：有词，有说法、有理由。"有词于伐"即言讨伐有适当的理由，而不是师出无名。
④ 其从其否：答应他或是拒绝他。
⑤ 慢鬼神：慢，轻慢。结盟时是对天地神鬼而宣誓的，所以背弃盟约等于亵渎神灵。
⑥ 鲁文公十六年（公元前611），鲁卿季孙行父赴阳谷与齐懿公会晤，但齐懿公却嫌季孙行父身份与自己不对等，不肯与之结盟。齐懿公即商人，通过弑君而得政权。

礼之轻者也。齐侯，伯主。宋公，王者之后。盟，国之大事也。大夫辄与焉，是以所轻当乎礼之重者也。礼者，不失己亦不失人。失己与人，寇之招也。是故结书"公子"而曰"媵陈人之妇"，讥其重以失己也。齐、宋书爵，而曰"遂"，讥其轻以失人也。遂者，专事之词。聘礼，大夫受命不受辞。出境有可以安社稷利国家，则专之可也。谓本有此命，得以便宜从事，特不受专对之辞尔。若违命行私，虽有利国家安社稷之功，使者当以矫制，请罪有司，当以擅命论刑。何者？终不可以一时之利，乱万世之法，是春秋之旨也。

公围成◎公至自围成◎
筑蛇渊囿①

题解：公元前498年，鲁定公亲自率军包围孟氏私属的成邑，欲摧毁之。然而成邑在孟孙氏家臣公敛处父等人的抵抗下，最终未能毁之。定公无功而返，但回国仍将此次出行的情况祭告先祖。次年，鲁定公在蛇渊修建供游玩、田猎之用的苑囿。鲁定公筑囿于内患未消之际，可见其行事无道，不能自强。

君令不行于陪臣，而劳民以自乐，甚矣鲁之不竞也！夫佚游从欲②，已非人君之当为，而况作于患难之时乎。是故成，鲁邑也，而强臣据焉；定公欲堕③其城，而亲帅师徒以围之，卒不能克而返。是正恐惧警省之时也，奈何告至④之后，乃役民以筑蛇渊之囿，尚可谓知务乎？《春秋》书"公围成，公至自围成"于十有二年之冬，而书"筑蛇渊囿"于十有三年之夏，则定公之失君道可知矣。

呜呼！鲁自宣公受国⑤于东门氏⑥，而禄去公室⑦矣。成公失政，而政

---

① "公围成。公至自围成"出自《春秋·定公十二年》；"筑蛇渊囿"出自《春秋·定公十三年》。成，鲁国权势最大的三大家族之一的孟氏的封邑。蛇渊，鲁国地名。

② 佚游从欲：佚，亦作"逸"，放纵。恣意游玩不节制自己的欲望。

③ 堕：同"隳"，毁坏、破坏。

④ 告至：即"公自至围成"，国君外出之后返回时到祖庙祭告。本来成乃鲁国疆域，去成返鲁都按礼不用告庙。《穀梁传》的解释是成近于齐国，鲁定公此次围成有危险，故平安归来后告庙。杜预则言书"至"因为成强大不听君令，与鲁判若两国。

⑤ 受国：受同"授"，即把国政委托给某人之意。

⑥ 东门氏：此指东门襄仲，经史中又称襄仲、公子遂。东门襄仲杀鲁文公之子姬赤，立宣公。宣公得位多赖襄仲，故极重用襄仲，于是鲁国政权渐落于大夫之手。

⑦ 禄去公室：禄，古代官吏的俸给，这里指爵禄赏罚之权。"禄去公室"意为君权丧失。

逮于大夫。① 丘甲②之作，费邑之城，三军之作，③ 中军之舍，④ 不绝于
经。三家竞爽，不弱一个焉，孰知陪臣之又专制其后哉？至于孔子摄相，
然后费、郈继堕。⑤ 公室可为⑥之兆，已见于此。使其终用圣人，⑦ 鲁可以
为政于天下矣。虽百成，何能为哉⑧？今定公不知二邑之堕，出于仲尼之
化，而以为己功也，于是亲帅其师以围成，而不知公敛处父之徒，无君之
人也，于公何难哉？是以"无成是无孟氏"之言，一动强臣之心，而深
沟高垒，坚守弗下。以封内之邑，而用师围之，有如敌国，已见鲁之失政
矣。况以堂堂国君之尊，伐一陪臣而不能胜，卷甲而归，亦可危已。吾意
定公因是而惧，改前辙⑨以自新，委国圣人之不暇⑩也。奈何恬不知畏⑪，
告至之后，反自肆于骄乐。当举趾条桑之月，役农作之民以筑囿焉。夫
"筑"者，创始之词；而"囿"者，育鸟兽之所也。当闲暇之时，且不可
为也，而况于萧墙之寇未弭。此何时耶？而自放于盘乐怠傲，无乃安危利

①　成公失政，而政逮于大夫：逮，及、到。鲁成公时，执政卿季文子季孙行父非常强势，
鲁国重大的内政外交政策多出于季文子之手。鲁成公去世时，继立之君鲁襄公仅四岁，等于鲁国
大政全落入季氏之手。故刘基言此。

②　丘甲：丘，地方基层组织单位。甲，前代学者或解作"铠甲"或解作"甲士"，现从今
人范文澜之说，将其解作"军赋"。成公元年（公元前590），为防齐国，鲁"作丘甲"，即规定
每一丘之人出一定数量的军赋。"作丘甲"和"初税亩"一样，今人均作积极政策来看待，但古
代经学家则多所批评，认为是"离经叛道"之行，如《穀梁传》言"作丘甲"为"非正也"。

③　三军之作：鲁襄公十一年（公元前562），"作三军，三分公室而各有其一"，即将鲁国
军队整编为上、中、下三军，孟孙、季孙、叔孙各掌一军，也意味着鲁公之权被削弱。

④　中军之舍：鲁昭公五年，"舍中军，卑公室"，"四分公室，季氏择二"。废除中军，季
氏独占其二，季氏势力进一步加强，而鲁公地位进而下降。

⑤　鲁定公十二年（公元前498），孔子为鲁国大司寇，为加强君权，主张摧毁季氏的费邑、
孟孙氏的郕邑（郕又写作"成"）、叔孙氏的郈邑，史称"堕三都"。其时，由于三家都惧家臣势
大，开始均同意毁城。故叔孙自毁郈邑；毁费虽有家臣的抵抗，但在孔子的指挥下，亦取得成
功。而郕邑则在孟氏家臣公敛处父的抵抗下，毁城失败，"堕三都"半途而废。

⑥　可为：可以有所作为。

⑦　圣人：即孔子。堕三都失败后的次年，孔子对鲁定公沉湎女乐、胸无大志感到失望，不
久离开鲁国。

⑧　何能为哉：能说做成了什么事呢？意即不能称有功。

⑨　改前辙：改前非、改过。

⑩　委国圣人之不暇：将国政交给孔子处理还怕来不及。

⑪　恬不知畏：恬，安然、坦然。安然不知畏惧。

菑而乐其所以亡乎?① 置民人社稷于度外，而以奉己为重，颠倒错乱，未有甚于此者矣。

《春秋》先书"公围成"，而继之以"公至自围成"，危之②之意已见。至明年之夏，而有"筑蛇渊囿"之书，则定公之不足与有为也明矣。卒之女乐至庭，而圣人以燔肉去，③遂使一变至道之国，日沦于微弱；而大野之麟，卒虚其应。④悲夫！

吾尝观乎《春秋》书筑台及囿，凡六见，庄公一年而筑三台。当齐桓方伯，四邻和睦，国家无事，可以有为而不为也，故鲁自是始弱。及庄公告终，而遂大乱，国几亡。成公之时，内政归于强臣，而外屡辱于大国，末年晋悼复伯，稍获见重，而遂筑鹿囿。昭公游于季孙之术中，而筑郎囿，卒以客死⑤。今定公不以先君为鉴，而又履其辙焉。呜呼！无囿犹可，无民何为？邦分崩离析而不能守，是谁之咎哉。

史料链接:

1. 《春秋·定公十二年》：十有二月，公围成。公至自侯成。

《春秋左传·定公十二年》：仲由为季氏宰，将堕三都，于是叔孙氏堕郈。季氏将堕费，公山不狃、叔孙辄帅费人以袭鲁。公与三子入于季氏之宫，登武子之台。费人攻之，弗克。入及公侧，仲尼命申句须、乐颀下，伐之，费人北。国人追之，败诸姑蔑。二子奔齐，遂堕费。将堕成，公敛处父谓孟孙："堕成，齐人必至于北门。且成，孟氏之保障也，无成，是无孟氏也。子伪不知，我将不堕。"

---

① 菑（zāi），同"灾"。乐，耽乐、沉湎。全句译为：难道不是在做苟安于自身的危险，贪利于自身的灾祸，耽乐于导致自身灭亡的事？《孟子·离娄上》云："安其危而利其灾，乐其所以亡者。"
② 危之：认为某人很危险。
③ 燔肉，郊祭用的供肉。公元前497年，齐国送女乐80名至鲁国，鲁定公便耽于女乐，怠于朝政，也不按礼制将郊祭供肉送给孔子，孔子很失望，遂离开鲁国。
④ 据《春秋》，公元前481年，鲁哀公于大野泽狩猎，擒获麒麟。麒麟为古仁兽，乃圣王之嘉瑞，必定在昌明之世才会现身。然此时鲁国已摇摇欲坠，哀公之后，鲁国便开始分裂，望国之势难再，至公元前256年，被楚国所灭。所以说麒麟"虚其应"。
⑤ 卒以客死：公元前517年，鲁昭公伐季平子，但大败，逃到齐国的郓地，后辗转至晋国的乾侯。晋欲使昭公返鲁，鲁不纳。公元前510年，昭公死于晋地乾侯。

冬十二月，公围成，弗克。（杨伯峻：《春秋左传注》，第一册，第1586—1587页。）

2.《春秋·定公十三年》：夏，筑蛇渊囿。

取汶阳田◎公会楚公子婴齐于蜀^①

题解： 公元前589年，晋、鲁在鞌之战中大败齐国。在战后的盟会上，晋侯要求齐国将昔日占去的汶阳之田交还鲁国。鲁国借此得以保全疆域的完整。该年十一月，楚国忌恨鲁国不朝楚王且心向晋国，发兵侵鲁，兵至鲁国的蜀地。鲁国畏惧楚国强兵，送楚工匠百人，并派公衡为质，请求讲和。楚接受了鲁国讲和的条件，派大夫公子婴齐与鲁君在蜀地盟誓。鲁国虽仗着晋国的威势，重获汶阳之地，却因不能自强而受欺凌，国格尽丧。两事相较，鲁国得不偿失，则知行仁义之道、自尊自强对于一个国家来说多么重要。

借势以复地，其利国也为甚微；致赂以从夷，其辱国也为甚大。夫为国而不知以义为利，未有不受其咎者矣。

鲁之成公，恃晋之势，一战胜齐，以取汶阳之田，^② 以乱而易乱也，其利国不亦微乎。遂使楚人以此借口，而为阳桥之役。公也乃屈千乘之尊，会其大夫于蜀，致赂纳质，以求免焉，则其辱国大矣。^③ 观《春秋》

---

① "取汶阳田"出自《春秋·成公二年》；"公会楚公子婴齐于蜀"出自《春秋·成公二年》十一月。水北曰阳，汶阳田即汶水之北的田，根据清人张云璈等人的考证，汶阳田可能在今山东泰安市西南。汶阳田于鲁僖公元年（公元前659）被赐予季氏，后被齐国攘取，又在晋国的帮助下重新收复。楚公子婴齐，《春秋》又称"子重"，楚庄王之弟，此时为楚国令尹。蜀，鲁国地名。

② 公元前589年，齐国入侵鲁国北鄙，取得鲁邑龙（在今山东泰安市东南），又败卫国之师。鲁国和卫国均派人至晋国求救，晋国应求，派大军伐齐师，又方战于鞌，最终齐军因齐顷公的骄傲轻敌落败。晋、齐战后于爰娄和谈，晋侯便要求齐国将昔日占去的汶阳之田交还鲁国。

③ 鲁宣公在位时，曾派使者去楚国求好。鲁宣公及楚庄王死后，鲁国便疏远了与楚国的交往。鲁成公即位的当年，便与晋国盟于赤棘，投好于晋国。此年（成公二年）更是与晋国联手，在鞌之役中大败强大的齐国。楚国大受刺激，计划入侵鲁国的阳桥来救齐并达到惩罚鲁国的目的，被大臣以时机不对为由谏止。随后楚国革兴内政，振肃军旅，做足准备。其年冬，楚师先侵鲁国的蜀地，后兵至阳桥，鲁国无奈求和，向楚国进献了三百名技工，并派公衡作为人质，楚国于是答应和解，这就有了后来的蜀之会与蜀之盟。

书"取汶阳田"于前，而书"公会楚公子婴齐"于后，则鲁之所获不如所丧，为国而不以礼，其效岂不深切著明矣哉？① 尝谓天下莫大于礼，莫强于义。是故诸侯修睦，以事天子，不敢失也，而后蛮夷顺令，以事中国，不敢违也。今也友邦冢君②不能和协，而使外夷得以借此以为猾夏之阶，不亦甚哉！观成公之所以胜齐而辱于楚者，抑亦可以为戒矣。

且夫汶阳，鲁故田也，而见夺于强大之齐。考于建邦土地之图，若在封域之中，则先王所锡，先祖所受，不敢失坠，所当告于天王，以正疆界，不当擅兵以取之也。不然侵小得之，③ 则固有兴灭继绝④之义，齐固不得而有，亦岂鲁之所当有哉？今鲁之战齐也，以大夫⑤之一怒，而介⑥于大国，幸以获胜。则藉郤克之言⑦，以取汶阳，而不使一介⑧告诸天子，是惟强力之恃，而于君臣之义蔑矣。虽取故邑，与夺人之有何异哉？而不知我以强力陵人，人亦以强力而陵我矣。未几楚人遂有侵卫、侵我之师，以问伐齐之故。甥舅之国，剪为仇雠，而使蛮夷得以为词，亦已颠⑨矣。而又不能亲贤修政，保固疆圉，乃以国君之尊，亲会公子婴齐于蜀，而荐

---

① 刘基作这种论述的前提是：《春秋》以"尊王"为要务，非常忌讳将诸侯与周天子对等，亦忌讳诸侯国大夫与诸侯对等，所以遇到要记甲诸侯与乙国大夫在一起做了某事时，一般隐去该大夫姓氏名称和官爵，称"乙人"；如若记有大夫姓氏，一般被认为是寓有深意。《春秋》记"公会楚公子婴齐于蜀"，明记"公子婴齐"而不记成"楚人"。刘基等经学家将此解读成是为了谴责鲁成公自降身份与夷狄结交。此种解经法《公羊传》最常用，但难免有夸大《春秋》"微言大义"之嫌，如鲁僖公之前，《春秋》多称各国国君为"某人"，可能是不同时期称谓有所不同，不能一概解释成作者有贬斥之意。

② 冢君：对列国国君的敬称。《书·泰誓上》："王曰：'嗟我友邦冢君，越我御事庶士。明听誓。'"

③ 不然侵小得之：与上文"若在封域之中"相对，言如果汶阳之地一开始不是在周天子封给鲁国的疆域内，而是鲁国后来侵占小国得来的土地。

④ 兴灭继绝：使灭绝的重新振兴起来，延续下去。《论语·尧曰》："兴灭国，继绝世。"

⑤ 大夫：此处指季孙行父（季文子）。汶阳田本是季氏采食，后被齐国夺去，故今次鲁国仗晋国之力追回汶阳田可能与季孙行父不无关系。

⑥ 介：凭借。《左传·文公六年》："介人之宠，非勇也。"

⑦ 藉郤克之言：藉，借。郤克为晋国卿，中军帅。考之史书，郤克在汶阳田归属的问题上未发表过看法。然郤克是鞌之战晋军的主帅，出师前，晋侯欲派七百乘与齐国交战，郤克进言："此城濮之赋也。有先君之明与先大夫之肃，故捷。克于先大夫，无能为役，请八百乘。"晋侯答应了郤克的要求。刘基"藉郤克之言"所指当是此事。

⑧ 一介：一个使者。

⑨ 颠：事理颠倒。

侑①焉。以周公之裔、千乘之君，降班失列，以听于夷狄之大夫，岂不哀哉？惟其不能以礼为国，以及此忧也。故曰"藉势以复地，其利国也为甚微；致略以从夷，其辱国也为甚大"也。

季孙行父为国上卿，固当上使其君保安富尊荣之位，而下庇其民，使无辛苦垫隘②之祸也，而乃不忍一朝之忿，残民以逞其私。汶田之归，扬扬然自以为功，而辱逮君父不顾也。方将立武宫以宣示其侈，③而不知他日韩穿一言，复束手以归诸齐，④而所得者为虚文，不足以偿所丧。然后知不以义为利，而以利为利，乃有国家者之大患。而《春秋》讥取汶阳田之意远矣。

史料链接：

1. 《春秋·成公二年》：八月……取汶阳田。《左传》注曰："秋七月，晋师及齐国佐盟于爰娄。使齐人归我汶阳之田。"

2. 《春秋·成公二年》：十有一月，公会楚公子婴齐于蜀。

《春秋左传·成公二年》：宣公使求好于楚。庄王卒，宣公薨，不克作好。公即位，受盟于晋，会晋伐齐。卫人不行使于楚，而亦受盟于晋，从于伐齐。故楚令尹子重为阳桥之役以救齐。将起师，子重曰："君弱，群臣不如先大夫，师众而后可。《诗》曰：'济济多士，文王以宁。'夫文王犹用众，况吾侪乎？且先君庄王属之曰：'无德以及远方，莫如惠恤其民，而善用之。'"乃大户，已责，逮鳏，救乏，赦罪，悉师，王卒尽行。彭名御戎，蔡景公为左，许灵公为右。二君弱，皆强冠之。

冬，楚师侵卫，遂侵我师于蜀。使臧孙往。辞曰："楚远而久，固将退矣。无功而受名，臣不敢。"楚侵及阳桥，孟孙请往，赂之以执斫、执鍼、织纴，皆百人。公衡为质，以请盟，楚人许平。

十一月，公及楚公子婴齐、蔡侯、许男、秦右大夫说、宋华元、陈公

---

① 荐侑：进献贿物。

② 垫隘：赢弱困苦。《左传·成公六年》："郇、瑕氏土薄水浅，其恶易觏。易觏则民愁，民愁则垫隘，于是乎有沉溺重膇之疾。"杜预注："垫隘，赢困也。"

③ 鲁成公六年（公元前585），鲁国为了纪念鞌之战的胜利，建立武宫。《左传》言："季文子以鞌之功立武宫，非礼也。听于人以救其难，不可以立武。立武由己，非由人也。"

④ 鲁成公八年（公元前583），晋侯于返鲁国汶阳之田一事改变了主意，派卿大夫韩穿去鲁国，叫鲁国把汶阳之地再还回给齐国，鲁国于汶阳之地又得而复失。

孙宁、卫孙良夫、郑公子去疾及齐国之大夫盟于蜀。卿不书，匮盟也。于是乎畏晋而窃与楚盟，故曰匮盟。蔡侯、许男不书，乘楚车也，谓之失位。君子曰："位其不可不慎也乎！蔡、许之君，一失其位，不得列于诸侯，况其下乎？《诗》曰：'不解于位，民之攸塈。'其是之谓矣。"（杨伯峻：《春秋左传注》，第二册，第806—808页。）

参考文献

1. 《春秋左传正义》，阮刻《十三经注疏》，中华书局 1980 年影印本。

2. 《春秋公羊传注疏》，阮刻《十三经注疏》，中华书局 1980 年影印本。

3. 《春秋穀梁传注疏》，阮刻《十三经注疏》，中华书局 1980 年影印本。

4. 《尔雅注疏》，阮刻《十三经注疏》，中华书局 1980 年影印本。

5. 《孟子注疏》，阮刻《十三经注疏》，中华书局 1980 年影印本。

6. 《论语注疏》，阮刻《十三经注疏》，中华书局 1980 年影印本。

7. 《礼记正义》，阮刻《十三经注疏》，中华书局 1980 年影印本。

8. 《仪记注疏》，阮刻《十三经注疏》，中华书局 1980 年影印本。

9. 《周礼注疏》，阮刻《十三经注疏》，中华书局 1980 年影印本。

10. 《毛诗正义》，阮刻《十三经注疏》，中华书局 1980 年影印本。

11. 《尚书正义》，阮刻《十三经注疏》，中华书局 1980 年影印本。

12. 《诸子集成》，中华书局 2006 年版。

13. 《国语》，上海古籍出版社 1978 年版。

14. 司马迁：《史记》，中华书局 1959 年版。

15. 许慎：《说文解字》，中华书局 1978 年版。

16. 郦道元：《水经注》，文渊阁四库全书本。

17. 杜预：《春秋释例》，文渊阁四库全书本。

18. 苏辙：《苏氏春秋集解》，文渊阁四库全书本。

19. 罗泌：《路史》，文渊阁四库全书本。

20. 司马光：《资治通鉴》，中华书局 1956 年版。

21. 程颢、程颐著，王孝鱼点校：《二程集》，中华书局 1984 年版。

22. 朱熹：《四书集句集注》，中华书局 2003 年版。

23. 高阅：《高氏春秋传》，文渊阁四库全书本。

24. 张洽：《张氏春秋传》，文渊阁四库全书本。

25. 孙复：《春秋尊王发微》，文渊阁四库全书本。

26. 刘敞：《春秋权衡》，文渊阁四库全书本。

27. 赵鹏飞：《春秋经筌》，文渊阁四库全书本。

28. 叶梦得：《春秋左传谳》，文渊阁四库全书本。

29. 胡安国：《胡氏春秋传》，文渊阁四库全书本。

30. 孙星衍：《尚书今古文注疏》，中华书局 1986 年版。

31. 马瑞辰：《毛诗传笺通释》，中华书局 1989 年版。

32. 顾栋高：《春秋大事表》，中华书局 1993 年版。

33. 洪亮吉：《春秋左传诂》，中华书局 1987 年版。

34. 刘逢禄：《春秋公羊经何氏释例》《公羊春秋何氏解诂笺》，咸丰庚申
    补刊《皇清经解》本。

35. 梁玉绳：《史记志疑》，中华书局 1981 年版。

36. 任继愈：《老子今译》，北京古籍出版社 1957 年版。

37. 王利器：《风俗通义校注》，中华书局 1981 年版。

38. 杨宽：《战国史》，中华书局 1956 年版。

39. 童书业：《春秋史》，上海古籍出版社 2003 年版。

40. 王宇信：《春秋史话》，中国国际广播出版社 2007 年版。

41. 杨伯峻：《春秋左传注》，中华书局 2009 年版。

42. 梁启超：《饮冰室合集》，中华书局 1989 年版。

43. 顾颉刚、刘起钎：《尚书校释译论》，中华书局 2005 年版。

44. 张自超：《春秋宗朱辨义》，文渊阁四库全书本。

45. 杨树达：《积微居小学金石丛论》，科学出版社 1955 年版。

46. 金景芳、吕绍纲：《周易全解》，吉林大学出版社 1989 年版。

47. 谭其骧主编：《中国历史地图集》，中国地图出版社 1982 年版。

48. 周群：《刘基评传》，南京大学出版社 1995 年版。

49. 程俊英：《诗经译注》，上海古籍出版社 1985 年版。

50. 杨天宇：《周礼译注》，上海古籍出版社 2004 年版。

51. 俞美玉：《刘基研究资料汇编》，人民出版社 2011 年版。

52. 俞美玉：《刘基文化现代价值研究》，人民出版社 2011 年版。